PLAIDOYER EN FAVEUR DE L'INTOLÉRANCE

DU MÊME AUTEUR

Perspectives psychanalytiques sur la politique (avec Mladen Dolar et Pierre Naveau), Navarin, 1983

Le Plus Sublime des Hystériques : Hegel passe, Point hors ligne, 1988

Tout ce que vous avez toujours voulu savoir sur Lacan sans jamais oser le demander à Hitchcock (dir.), Navarin, 1988

Ils ne savent pas ce qu'ils font : le sinthome idéologique, Point hors ligne, 1990

L'Intraitable : psychanalyse, politique et culture de masse, Économica, 1993

Essai sur Schelling : le reste qui n'éclôt jamais, L'Harmattan, 1997

Subversions du sujet : psychanalyse, philosophie, politique, Presses universitaires de Rennes, 1999

Le spectre rôde toujours. Actualité du Manifeste du parti communiste, Nautilus, 2002

Vous avez dit totalitarisme ? Cinq interventions sur les (més)usages d'une notion, Amsterdam, 2004

Plaidoyer en faveur de l'intolérance, Climats, 2004

La Subjectivité à venir : essais critiques sur la voix obscène, 2004 ; rééd. Flammarion, coll. « Champs », 2006

Lacrimae rerum. Cinq essais sur Kieslowski, Hitchcock, Tarkovski et Lynch, Amsterdam, 2005

Que veut l'Europe ? Réflexions sur une nécessaire réappropriation, Climats, 2005 ; rééd. Flammarion, coll. « Champs », 2007

Irak : le chaudron cassé, Climats, 2005

Bienvenue dans le désert du réel, Flammarion, 2005

La Marionnette et le Nain. Le christianisme entre perversion et subversion, Seuil, 2006

La Seconde Mort de l'opéra, Circé, 2006

Le Sujet qui fâche, Flammarion, 2007

Slavoj Zizek

PLAIDOYER EN FAVEUR DE L'INTOLÉRANCE

Traduit de l'anglais par Frédéric Joly

Nouvelle édition
revue et mise à jour

CLIMATS

L'éditeur remercie Laurens ten Kate
des éditions Uitgeverij Boom (Amsterdam)
pour son aide.

CLIMATS
87, quai Panhard et Levassor
75647 Paris cedex 13
ISBN : 978-2-0812-0500-0

La première forme de l'espérance est la peur,
le premier visage de l'inconnu l'épouvante.

Heiner Müller

Préface à l'édition française

Dans une scène célèbre du *Fantôme de la liberté* de Buñuel, les rapports entre le fait de manger et celui de déféquer sont inversés : les gens sont assis sur des cuvettes de cabinets autour d'une table, discutant plaisamment, et lorsqu'ils veulent manger, ils demandent discrètement à la maîtresse de maison : « Où se trouve l'endroit que vous savez ? », et filent furtivement vers une petite pièce à l'arrière. Il est alors tentant, en guise de complément à Lévi-Strauss, de proposer que la merde puisse également servir de *matière à penser*[1] : les trois types basiques de toilettes ne forment-ils pas une sorte de contrepoint-corrélatif excrémentiel au triangle lévi-straussien de la cuisine ? Dans les cabinets allemands traditionnels, le trou dans lequel disparaît le caca après que la chasse d'eau est tirée est latéral, de telle sorte que le caca est d'abord déployé sous nos yeux pour mieux être reniflé et inspecté au cas où puissent être détectés quelques indices de mauvaise santé ; dans le

1. En français dans le texte (*N.d.T.*).

modèle français, au contraire, le trou est en contrebas, c'est-à-dire que la merde est censée disparaître le plus rapidement possible ; enfin, le cabinet américain (anglo-saxon) présente une sorte de synthèse des deux, une médiation entre ces deux pôles opposés – la cuvette est pleine d'eau, de telle sorte que le caca flotte à la surface, bien visible, sans pour autant devoir être examiné... Peu importe que dans la célèbre discussion sur les mérites des différentes chiottes européennes, au début de son ouvrage à demi oublié, *Fear of Flying*, Erica Jong affirme d'un ton moqueur que « les toilettes allemandes sont vraiment la clé permettant de comprendre les horreurs du Troisième Reich. Les peuples qui sont capables de construire des toilettes pareilles sont capables de n'importe quoi ». Il est évident qu'aucun de ces modèles ne peut être expliqué en termes strictement utilitaires : on peut clairement discerner en chacun d'eux une certaine perception idéologique de la manière dont le sujet devrait se rattacher au déplaisant excrément provenant de l'intérieur de son corps.

Hegel fut parmi les premiers à interpréter le triangle géographique Allemagne-France-Angleterre comme exprimant trois attitudes existentielles différentes : la minutie réfléchie allemande, l'irréflexion révolutionnaire française et le pragmatisme utilitariste modéré anglais ; en termes de positionnement politique, ce triangle peut être lu ainsi : le conservatisme allemand, le radicalisme révolutionnaire français, et le libéralisme modéré anglais ; en termes de prédominance de l'une des sphères de la vie sociale, il s'agit de la métaphysique et de la poésie allemandes contre la politique française et l'économie anglaise. La référence aux cuvettes nous permet non seulement de discerner le même triangle dans le très intime domaine qu'est celui de la fonction caca, mais aussi de repérer le mécanisme sous-jacent de ce triangle dans les trois attitudes différentes face à l'excès excrémentiel : la fascination contemplative ambiguë ; la tentative précipitée de se débarrasser du déplaisant excès de la plus rapide des manières ; l'approche pragmatique consistant à envisager l'excès comme un objet ordinaire à supprimer de manière appropriée. Il est facile pour un universitaire de clamer haut et fort, lors d'une table ronde, que nous vivons dans un univers postidéologique – il suffit qu'il fasse un tour aux toilettes après le débat houleux, pour se voir, à nouveau, baignant jusqu'aux genoux dans l'idéologie...

Aujourd'hui, cette trinité semble connaître une étrange inflexion : les Français semblent préoccupés par la culture (comment préserver leur héritage culturel de la vulgaire américanisation générale) ; les Anglais se concentrent sur des dilemmes politiques (doivent-ils rejoindre l'Europe politiquement unifiée ?, etc.) ; les Allemands s'inquiètent de la triste inertie de leur économie. Et qu'en serait-il si l'objectif désiré devait être une inflexion plus importante encore ? Un Royaume-Uni concentrant son attention sur la culture (son ouverture culturelle et son manque de fausse prétention pourraient effectivement servir de modèle et d'antidote à l'arrogant élitisme français et à l'excessif sérieux allemand), la France sur l'économie (qui, contre toute attente, obtint des résultats plutôt convaincants ces dernières décennies), et – surprise – l'Allemagne sur la politique (la vie politique de la République fédérale allemande ne fut-elle pas, ces dernières décennies, un modèle de débat rationnel éloigné de toute passion aveugle ?).

Quant aux limites de la politique française, il suffit, ici, de rappeler le siège de Sarajevo qui, au début des années 1990, dura trois longues années, de rappeler sa population affamée, exposée aux bombardements permanents et aux tirs des *snipers*. On peut ne pas être choqué par l'indifférence excessive à la souffrance, même et spécialement lorsque cette souffrance est largement relayée par les médias et condamnée, comme si l'outrage même de la souffrance nous transformait en immobiles spectateurs fascinés. Alors, bien que tous les médias soient saturés d'images et de reportages, pour quelles raisons les forces des Nations unies, de l'OTAN ou des États-Unis n'accomplirent-elles pas la plus modeste initiative destinée à *casser le siège de Sarajevo*, à imposer un corridor par lequel auraient pu librement circuler la population et les vivres ? Cela n'aurait rien coûté : avec un peu de pression sérieuse sur les forces serbes, le spectacle prolongé de Sarajevo encerclée, exposée à une absurde terreur, aurait pris fin. Il n'existe qu'une réponse à cette énigme, celle proposée par Rony Brauman lui-même qui, au nom de la Croix-Rouge, coordonna l'aide vers Sarajevo : la présentation même de la crise de Sarajevo comme crise « humanitaire », la retraduction du conflit politico-militaire en termes humanitaires, fut la conséquence d'un choix éminemment *politique*, celui de faire entrer le camp serbe dans le conflit.

Plus généralement, il faudrait interroger la politique humanitaire dépolitisée des « droits de l'homme » comme l'idéologie de l'interventionnisme militaire au service d'objectifs économico-politiques spécifiques. Un humanitarisme de ce type, bien sûr, se présente comme une pure défense de l'innocent et du faible contre le puissant, comme une défense prépolitique de l'individu contre les immenses machineries despotiques de la culture, de l'État, de la guerre, du conflit ethnique, du tribalisme et du système patriarcal ; quoi qu'il en soit, comme le notait récemment Wendy Brown, il nous faut poser cette question : « Quel type de politisation ceux qui interviennent au nom des droits de l'homme mettent-ils en branle contre les pouvoirs auxquels ils s'opposent ? Défendent-ils une formulation différente de la justice ou se présentent-ils en opposition à des projets collectifs de justice ? » Il est tout à fait évident que le renversement de Saddam Hussein par les États-Unis, légitimé au motif de la nécessité de mettre un terme à la souffrance du peuple irakien, ne fut pas seulement motivé par d'autres intérêts politico-économiques (le pétrole), mais relevait également d'une conception précise des conditions politiques et économiques (la démocratie libérale occidentale, la protection de la propriété privée, l'inclusion au sein de l'économie de marché globale, etc.) susceptibles d'ouvrir la perspective de la liberté au peuple irakien. La politique antipolitique purement humanitaire, consistant à simplement prévenir la souffrance, se résume effectivement, en conséquence, à l'interdiction implicite d'élaborer un projet collectif positif de transformation sociopolitique.

Introduction
La gauche et la droite aujourd'hui

À l'aune des critères politiques traditionnels, nous vivons sans aucun doute des temps étranges. Penchons-nous sur la figure paradigmatique de l'extrême droite d'aujourd'hui, les milices fondamentalistes millénaristes aux États-Unis. N'apparaissent-elles pas souvent comme une version caricaturale des groupuscules séparatistes de l'extrême gauche militante des années 1960 ? Dans les deux cas, nous avons affaire à la logique anti-institutionnelle radicale : l'ennemi ultime est l'appareil d'État répressif (FBI, armée, système judiciaire) qui menace la survie même du groupe, organisé comme un corps extrêmement discipliné afin d'être capable de résister à cette pression. L'exact contraire de cela, c'est l'idée d'une Europe unifiée en tant qu'« État social » fort, « garantissant le minimum de droits sociaux et la sécurité sociale contre l'offensive de la globalisation », défendue par un gauchiste, Pierre Bourdieu : il est difficile de s'abstenir d'ironiser devant un intellectuel d'extrême gauche élevant des remparts contre le pouvoir corrosif global du Capital tant loué par Marx. Tout se passe en fait comme si les rôles, aujourd'hui, étaient échangés : les gauchistes soutiennent l'État fort au motif qu'il représente la dernière garantie des libertés sociales et civiles face au Capital, alors que les gens de droite diabolisent l'État et ses appareils en les présentant comme la machine terrorisante ultime...

Le postulat sous-jacent à ces étranges renversements est le fait que la gauche modérée d'aujourd'hui, de Blair à Clinton, accepte silencieusement la *dépolitisation de l'économie* – à cause de cela, la seule force politique sérieuse qui persiste à questionner la règle indiscutée du marché est l'extrême droite populiste (Buchanan aux États-Unis, Le Pen en France). Lorsque Wall Street réagit négativement à la baisse du taux de chômage, le seul à établir le constat évident que ce qui est bon pour le Capital n'est manifestement pas ce qui est bon pour la majorité de la population fut Buchanan. Loin du vieux dicton selon lequel l'extrême droite dit ouvertement ce que pense secrètement la droite modérée, sans oser le formuler en public (le fait d'assumer ouvertement son racisme, la nécessité d'une autorité forte et de l'hégémonie culturelle des « valeurs occidentales », etc.), nous nous dirigeons donc vers une situation où l'extrême droite dit ouvertement ce que la *gauche* modérée pense secrètement, sans oser le formuler en public (la nécessité de mettre un terme à la liberté du Capital).

Ce petit livre se penche sur la manière dont la posture idéologique prédominante d'aujourd'hui – le libéralisme multiculturel et tolérant – participe pleinement de cette dépolitisation de l'économie ; pour le résumer d'une manière succincte, la tolérance multiculturelle EST l'idéologie hégémonique du capitalisme global. L'opposition entre le fondamentalisme ethnique-sexiste-religieux et la tolérance multiculturelle est en définitive une fausse opposition : la neutralisation politique de l'économie est le postulat commun à ces deux extrêmes. La seule manière de sortir de cette impasse, et donc le premier pas en direction d'un renouveau de la gauche, est la réaffirmation d'une critique virulente, fortement *intolérante*, de la civilisation capitaliste globale.

L'hégémonie et ses symptômes

Ceux qui se rappellent encore les bons vieux jours du Réalisme socialiste savent bien le rôle clé que jouait la notion du « typique » dans sa construction théorétique : une littérature socialiste véritablement progressiste devait décrire des héros « typiques » dans des situations « typiques ». Les écrivains qui, par exemple, présentaient une image essentiellement blafarde de la réalité soviétique n'étaient pas accusés simplement de mentir – l'accusation consistait à dire qu'ils offraient une image déformée de la réalité sociale en se concentrant sur des phénomènes non « typiques », qui constituaient de tristes remugles du passé, au lieu de se pencher sur des phénomènes « typiques », qui exprimaient, dans cette acception précise, la tendance historique sous-jacente plus profonde du progrès vers le communisme. Le raisonnement était le suivant : un roman qui présente un nouveau type, socialiste, d'homme consacrant sa vie au bonheur de la collectivité dépeint naturellement un phénomène marginal (les gens dans leur majorité ne sont pas encore comme cela), mais néanmoins un phénomène qui nous permet d'identifier les forces véritablement progressistes et jouant un rôle actif dans la situation sociale présente... Si ridicule que puisse sonner cette notion de « typique », il existe un noyau dur de vérité en elle – qui réside dans le fait que chaque notion idéologique apparemment universelle est toujours contaminée par une quelconque composante à caractère particulier qui déforme son universalité propre et sape son efficacité. Dans le rejet actuel du système de l'État-providence par la nouvelle droite aux États-Unis, par exemple, l'idée très partagée que l'État-providence tel qu'il existe actuellement ne fonctionne pas est alimentée par la représentation plus concrète de la célèbre mère célibataire afro-américaine, comme si l'État social constituait en dernière instance un programme destiné aux mères noires célibataires – le cas particulier de « la mère noire célibataire » est tacitement envisagé comme étant « typique » de l'idée communément admise que l'on se fait de l'État-providence et de ce qui ne va pas avec... Et il en va de même pour *toute* notion idéologique universelle : il est nécessaire de toujours chercher l'élément particulier qui ruine l'efficacité spécifique d'une notion idéologique. Dans le cas de la campagne de la Majorité morale contre l'avortement, par exemple, le cas « typique » est l'exact contraire de la mère noire (au chômage) : une femme connaissant la réussite professionnelle et ayant une sexualité libre, qui donne la priorité à sa carrière professionnelle au détriment de son devoir « naturel » de maternité (en contradiction flagrante avec les faits, qui nous informent que la grande majorité des avortements concernent les familles modestes et nombreuses). Ce « renversement » spécifique, le fait que l'élément particulier soit promulgué « typique » de la notion universelle, est l'élément du fantasme, du fondement/ support fantasmatique de la notion idéologique universelle – dans les termes de Kant, il joue le rôle du « schématisme transcendantal[1] », traduisant la notion universelle vide en une notion qui se relie et s'applique à notre « véritable expérience ». En tant que telle, cette spécification fantasmatique n'est en aucun cas une simple illustration ou un exemple insignifiant : c'est à ce stade où la composante particulière s'imposera comme « typique » que les luttes idéologiques seront gagnées ou perdues. Pour revenir à notre exemple de l'avortement : à partir du moment où nous percevons comme « typique » le cas de l'avortement dans une famille prolétaire et nombreuse incapable de supporter économiquement l'apparition d'un autre enfant, la perspective change radicalement...

La lutte pour l'hégémonie idéologico-politique est par conséquent toujours la lutte pour l'appropriation des termes « spontanément » expérimentés comme « apolitiques », comme transcendant les clivages politiques. Peu importe que le nom de la force d'opposition dissidente la plus puissante en Pologne ait été *Solidarité* : il s'agissait d'une manière de signifier la fraternité impossible de la société, si tant est qu'il en existe une. Tout se passa, à cette

1. Le schématisme transcendantal est l'acte par lequel l'imagination offre *a priori* aux concepts la forme figurée du temps, grâce à laquelle ces derniers deviennent applicables à l'expérience sensible (*N.d.T.*).

époque, comme si était pratiquement porté à son paroxysme ce qu'Ernesto Laclau nomme la logique de l'équivalence [1] : la formule « les communistes au pouvoir » fut utilisée comme l'incarnation de la non-société, de la décadence et de la corruption, unissant par magie tout le monde contre eux, y compris les « honnêtes communistes » désabusés. Les nationalistes conservateurs les accusèrent de trahir les intérêts polonais au profit du maître soviétique ; les individus guidés par l'appât du gain virent en eux un obstacle à leur activité capitaliste débridée ; pour l'Église catholique, les communistes étaient des athées dépourvus de morale ; pour les agriculteurs, ils représentaient la force de la modernisation violente qui mettait un terme à leur mode de vie ; aux yeux des artistes et des intellectuels, le communisme était synonyme de leur expérience quotidienne d'une censure étouffante et stupide ; les ouvriers se considéraient non seulement comme exploités par la bureaucratie du Parti, mais bien plus encore humiliés par les affirmations que cela se faisait pour leur bien, en leur nom ; en définitive, les hommes de gauche âgés et désabusés percevaient le régime comme la trahison du « Socialisme réel ». L'impossible alliance *politique* entre l'ensemble de ces positions divergentes et potentiellement antagonistes n'était envisageable que sous la bannière d'un signifiant se situant, comme il l'était, à la frontière précise séparant le politique du prépolitique, et Solidarité était le candidat idéal pour ce rôle : il était sur le plan politique opératoire

1. Voir Ernesto Laclau, *Emancipation(s)*, Londres, Verso, 1996.

puisque désignant l'unité « simple » et « fondamentale » d'êtres humains qui devaient se réunir par-delà toutes les différences politiques. Pourtant, ce moment magique de solidarité universelle passé, le signifiant qui, dans certains pays postsocialistes, émergea comme étant celui de la « fraternité absente » de la société, telle que l'appelle Laclau, fut l'*honnêteté* : il forme le cœur de l'idéologie spontanée des « gens ordinaires » pris dans les turbulences économico-sociales qui donnèrent cruellement tort aux espoirs qu'une nouvelle opulence de la société succéderait à l'effondrement du socialisme. Aux yeux des gens ordinaires, les « anciens puissants » (ex-communistes) et les ex-dissidents qui intégrèrent les rangs du pouvoir se sont alliés pour les exploiter, bien plus encore qu'auparavant, sous la bannière de la démocratie et de la liberté... La lutte pour l'hégémonie, naturellement, est désormais centrée sur la composante particulière qui renversera ce signifiant : que signifie le terme « honnêteté » ? Pour un conservateur, il est synonyme de retour à des valeurs morales et religieuses traditionnelles, comme, tout aussi bien, du fait de purger le corps social des remugles de l'ancien régime ; pour un gauchiste, il est synonyme de justice sociale et de résistance à une privatisation accélérée... La même mesure – rendre ses terres à l'Église, par exemple – est ainsi « honnête » du point de vue conservateur, et « malhonnête » d'un point de vue de gauche – chaque camp (re)définit silencieusement l'« honnêteté » pour l'accommoder à sa propre position idéologico-politique. Quoi qu'il en soit, il serait erroné d'affirmer que le conflit concerne en fin de compte les différentes significations du terme « honnêteté » : ce que l'on perd de vue dans cette « clarification sémantique », c'est que chaque position revendique le fait que *son honnêteté est la seule « véritable » honnêteté* : la lutte n'est pas simplement une lutte entre différents éléments particuliers ; il s'agit d'une lutte inhérente à l'universel même.

Comment, dans ces conditions, un élément particulier réussit-il à en supplanter un autre en tant que support de l'Universel ? Dans une situation concrète de postsocialisme, l'« honnêteté », comme signifiant de la fraternité absente de la société, sera contaminée par l'élément particulier qui rend, de manière convaincante, l'expérience quotidienne des individus engagés plus « lisible », c'est-à-dire qui les autorise, de manière plus efficace, à organiser leur expérience de la vie en un récit conséquent. Bien sûr, la « lisibilité » n'est pas un critère neutre ; elle dépend d'une lutte idéologique : le fait que, après l'effondrement du récit narratif bourgeois classique dans l'Allemagne du début des années 1930, récit qui était incapable de rendre compte de la crise globale, ce soit l'antisémitisme nazi qui rendit cette crise « lisible d'une manière plus convaincante » que la narration socialiste-révolutionnaire, est bien le résultat contingent d'une série de facteurs surdéterminés. Ou, pour le dire d'une autre manière : cette « lisibilité » n'implique pas une simple relation de concurrence entre une multitude de narrations-descriptions et la réalité extra-discursive, relation de concurrence où triomphe le récit qui se montre le plus « en adéquation » au regard de la réalité : la relation est circulaire et concentrique, c'est-à-dire que le récit prédétermine déjà ce que nous devrions expérimenter comme étant la « réalité ».

Pour quelles raisons les idées dominantes ne sont-elles pas les idées des dominants ?

Il faut en outre insister sur le fait que chaque universalité hégémonique se doit d'incorporer *au moins deux* composantes particulières, la composante populaire « authentique » et sa « distorsion » du fait des relations de domination et d'exploitation[1]. Naturellement, l'idéologie fasciste « manipule » l'authentique désir populaire d'une vraie communauté et d'une solidarité sociale contre la compétition féroce et l'exploitation ; bien sûr, il « déforme » l'expression de ce désir dans le but de légitimer la perpétuation des relations de domination et d'exploitation sociales. Quoi qu'il en soit, afin d'être capable de mener à bien cet objectif, il n'en a pas moins l'obligation d'incorporer une authentique aspiration populaire. L'hégémonie idéologique ne constitue donc pas le cas dans lequel une certaine composante

1. Ce point est abordé en détail par Étienne Balibar dans *La Crainte des masses. Politique et philosophie avant et après Marx*, Paris, Galilée, 1997.

particulière comble directement la vacuité de l'universel vide ; bien plutôt, la forme précise de l'universalité idéologique témoigne de la lutte entre (au moins) deux composantes particulières, la « populaire » exprimant les désirs secrets de la majorité dominée, et la spécifique exprimant les intérêts des forces de la domination.

Il est tentant de faire ici appel à la distinction établie par Freud entre les pensées (latentes) du rêve et le désir inconscient exprimé dans un rêve[1] : il faut les différencier, puisque le désir inconscient s'articule lui-même, s'inscrit lui-même, à travers la « perlaboration », la traduction des pensées (latentes) du rêve dans le texte explicite d'un rêve. D'une manière similaire, il n'y a rien de « fasciste » (de « réactionnaire », etc.) dans la « pensée (latente) du rêve » de l'idéologie fasciste (le désir de communauté authentique et de solidarité sociale, etc.) ; ce qui explique le caractère proprement fasciste de l'idéologie fasciste, c'est la manière dont cette « pensée (latente) du rêve » est transformée-élaborée par le « travail du rêve » idéologique en texte idéologique explicite qui persiste à légitimer les relations sociales d'exploitation et de domination. Et n'en va-t-il pas de même avec le populisme droitier d'aujourd'hui ? Les critiques libéraux ne vont-ils pas trop vite en traitant par le mépris les valeurs mêmes auxquelles se réfère le populisme, les considérant comme intrinsèquement « fondamentalistes » ou « proto-fascistes » ?

---

1. Les pensées (latentes) du rêve recouvrent l'ensemble des significations auxquelles aboutit l'analyse d'une production d'un rêve. Ce dernier, une fois déchiffré, apparaît

La non-idéologie (ce que Fredric Jameson nomme le moment utopique présent même dans l'idéologie la plus atroce) est par conséquent absolument indispensable : l'idéologie n'est d'une certaine façon rien d'autre que la forme de l'apparence, la distorsion-inflexion formelle de la non-idéologie. Pour revenir au pire cas imaginable, l'antisémitisme nazi n'était-il pas fondé sur l'aspiration authentique à une authentique vie de communauté, sur le rejet entièrement justifié de l'irrationalité propre à l'exploitation capitaliste ? Nous postulons, une nouvelle fois, qu'il est pernicieux, sur le plan théorique comme sur le plan politique, de condamner l'aspiration à une vie de communauté authentique au motif qu'elle serait « proto-fasciste », de la dénoncer comme un « fantasme totalitaire », c'est-à-dire de rechercher les « racines » possibles du fascisme dans cette aspiration précise (l'erreur habituelle commise par la critique libérale-individualiste du fascisme) : le caractère utopique non idéologique de ce désir doit être pleinement assumé. Ce qui le rend « idéologique », c'est son articulation, la manière dont cette aspiration est instrumentalisée afin de légitimer une idée très spécifique de ce qu'est l'exploitation capitaliste (le résultat de l'influence juive, de la prédominance du capital financier sur le capital « productif » qui favorise un « partenariat » harmonieux avec les travailleurs...), et de la manière d'en venir à bout (en se débarrassant des Juifs, bien entendu).

---

comme une organisation de pensées, un discours, exprimant un ou plusieurs désirs (*N.d.T.*).

La tension, *au sein même* de son contenu particulier, entre les thèmes et les motifs appartenant aux « opprimés » et ceux qui appartiennent aux « oppresseurs » est ainsi cruciale pour que s'impose une idéologie : les idées dominantes ne sont JAMAIS directement les idées de la classe dominante. Prenons ce qui est considéré comme son exemple ultime : le christianisme. Comment devint-il l'idéologie dominante ? En incorporant une série de motifs et d'aspirations propres aux opprimés (la vérité est du côté de ceux qui souffrent et sont humiliés, le pouvoir corrompt...), et en les ré-articulant de telle façon qu'ils devinrent compatibles avec les relations de domination existantes. Et il en va de même pour le fascisme. La contradiction idéologique fondamentale du fascisme est celle qui existe entre l'organicisme et le mécanicisme : entre la vision corporatiste-organiciste esthétisée du corps social *et* la « technologisation », la mobilisation, la destruction et l'extermination radicales des derniers vestiges de communautés « organiques » (familles, universités, traditions d'autonomie locales) au niveau des « micro-pratiques » réelles de l'exercice du pouvoir. Dans le fascisme, l'idéologie sociale organiciste esthétisée est la forme précise adoptée par une mobilisation technologique inouïe de la société qui vient bouleverser les liens « organiques »... La compréhension de ce paradoxe nous permet d'éviter le piège libéral-multiculturel consistant à condamner comme « proto-fasciste » tout appel à un retour à des liens organiques (ethniques, etc.) : ce qui définit le fascisme, c'est plutôt une combinaison spécifique de corporatisme organiciste avec la mise en œuvre d'une modernisation impitoyable. Pour le dire encore d'une autre façon : dans tout véritable fascisme, on trouve toujours des éléments qui nous font dire qu'« il ne s'agit pas encore d'un fascisme total, qu'il existe encore en lui des éléments contradictoires issus de traditions de gauche ou du libéralisme » ; pourtant, ce détachement – cette distance à l'égard – du fantôme du « pur » fascisme *est* le fascisme *tout court*. Le « fascisme », dans son idéologie et dans sa pratique, n'est rien d'autre qu'un certain principe formel de distorsion de l'antagonisme social, une certaine logique de son déplacement se déroulant par le biais d'une combinaison et d'une condensation d'attitudes contradictoires.

La même distorsion est perceptible dans le fait qu'aujourd'hui la seule classe qui, dans la perception « subjective » qu'elle a d'elle-même, se conçoit explicitement et se présente elle-même en tant que classe est la célèbre « classe moyenne », qui est la « non-classe » par excellence : la couche moyenne prétendument laborieuse de la société, qui se définit non seulement par son allégeance à des critères moraux et religieux solides, mais aussi par une double opposition à l'encontre des deux « extrêmes » de l'espace social, les puissantes multinationales « déracinées » antipatriotiques d'un côté, les immigrés exclus et paupérisés et les habitants des ghettos de l'autre. La « classe moyenne » fonde son identité sur l'exclusion de ces deux extrêmes qui, lorsqu'ils sont directement mis en confrontation, nous offrent la quintessence d'un « antagonisme de classe ». Le mensonge constitutif de la notion de « classe moyenne » est en conséquence le même que celui qui était constitutif de la ligne adoptée par le parti communiste à l'encontre du « déviationnisme de droite » et du « déviationnisme de gauche » sous le stalinisme : la « classe moyenne » est, dans son existence « réelle » même, le *mensonge incarné*, le déni de l'antagonisme – en termes psychanalytiques, *un fétiche*, le point d'intersection impossible de la gauche et de la droite qui, en chassant les deux pôles de l'antagonisme au cœur même de la position des « extrêmes » antisociaux corrodant le corps social sain (entreprises multinationales et immigrés clandestins), se présente comme le socle commun neutre de la société. Les gens de gauche déplorent habituellement le fait que la ligne de démarcation dans le cadre de la lutte des classes constitue une règle vague, indécise, falsifiée, particulièrement dans le cas du populisme droitier, qui se présente comme porte-parole du peuple, alors qu'il défend en réalité les intérêts des gouvernants. Pourtant, cette « falsification » et ce déplacement permanents de la ligne matérialisant la division (de classe) SONT la « lutte des classes » : une société de classes dans laquelle la perception idéologique de la division de classe aurait à être pure et directe constituerait une structure harmonieuse dépourvue de conflits – pour reprendre les termes utilisés par Laclau, l'antagonisme de classe serait ainsi pleinement symbolisé ; il ne serait plus impossible-/réel, mais une simple forme structurelle différentielle.

Le politique et ses désaveux

Si donc la notion d'hégémonie rend compte de la structure élémentaire de la domination idéologique, sommes-nous condamnés à ne pouvoir ne nous déplacer qu'au sein de l'espace de l'hégémonie, ou est-il possible de suspendre – au moins temporairement – son propre mécanisme ? Jacques Rancière affirme qu'une telle subversion se rencontre, et qu'elle constitue même le cœur précis du politique, d'un événement véritablement politique.

Qu'est-ce qu'est vraiment, pour Rancière, la Politique[1] ? Un phénomène qui, pour la première fois, apparut dans la Grèce ancienne lorsque les membres du *demos* (ceux qui ne bénéficiaient d'aucune position clairement déterminée dans l'édifice social hiérarchisé) ne demandèrent pas seulement que leurs voix soient entendues contre ceux qui détenaient le pouvoir, exerçaient

1. Nous nous appuyons ici sur l'ouvrage de Jacques Rancière, *La Mésentente*, Paris, Galilée, 1995.

le contrôle social – ne protestèrent pas seulement contre le *tort* dont ils souffraient et n'exigèrent pas seulement que leurs voix soient entendues, reconnues comme faisant partie de la sphère publique, sur un même pied d'égalité que l'oligarchie et l'aristocratie dominantes ; bien plus, eux, les exclus, qui ne bénéficiaient d'aucune juste place au sein de l'édifice social, se présentèrent comme les représentants, les porte-parole de la société dans son ensemble, au nom d'une authentique universalité (« Nous – les "sans-part" –, qui ne sommes pas pris en compte dans l'ordre social, sommes le peuple ; nous sommes TOUS ENSEMBLE contre ceux qui ne défendent que leurs intérêts privilégiés particuliers »). En résumé, le conflit politique désigne la tension entre le corps social structuré au sein duquel chaque *partie* occupe sa place, et l'affirmation qu'« il y a une part des sans-part », qui vient ébranler cet ordre en raison du principe vide d'universalité, de ce que Balibar appelle l'*égaliberté*, l'égalité de principe de tous les hommes *en tant qu*'êtres pourvus de la parole. Le *propre* de la politique induit donc toujours une sorte de court-circuit entre l'universel et le particulier : le paradoxe d'un *singulier universel*, d'un singulier qui apparaît comme le substitut de l'universel, remettant en cause l'ordre fonctionnel « naturel » des relations à l'intérieur du corps social. Cette identification des sans-part avec le Tout, de la partie de la société qui est dépourvue de place véritablement juste en son sein (ou qui répugne à accepter la place de second rang qui lui est concédée en son sein) avec l'universel, est le geste élémentaire de la politisation, détectable dans tous les grands événements démocratiques, de la Révolution française (au cours de laquelle le *tiers état* se proclama identique à la Nation en tant que telle, contre l'aristocratie et le clergé) à la disparition de l'ex-socialisme européen (à l'occasion de laquelle les « forums » dissidents s'instituèrent représentatifs de la société entière contre la *nomenklatura* du parti). Dans cette acception précise, politique et démocratie sont synonymes : le dessein de base d'une politique antidémocratique est et fut toujours, et par définition, la dépolitisation, c'est-à-dire la demande inconditionnelle que « les choses retournent à la normale », et que chaque individu retourne à son poste... Comme Rancière en fait la démonstration contre Habermas, la lutte politique véritable ne constitue donc pas en conséquence un débat rationnel entre des intérêts multiples, mais le combat mené simultanément pour faire entendre sa voix et la faire reconnaître comme celle d'un partenaire légitime : lorsque les « exclus », du *demos* grec aux ouvriers polonais, protestèrent contre l'élite dirigeante (aristocratie ou *nomenklatura*), les vrais enjeux ne résidaient pas seulement dans leurs demandes explicites (pour de plus hauts salaires, de meilleures conditions de travail, etc.), mais dans leur droit à être entendus et reconnus comme un partenaire à considérer sur un même pied d'égalité dans la négociation – en Pologne, la *nomenklatura* perdit la partie au moment où elle fut dans l'obligation de reconnaître Solidarité comme un partenaire à considérer sur un même pied d'égalité. Ces intrusions soudaines de la politique authentique viennent saper ce que Rancière appelle l'ordre policier, l'ordre social établi au sein duquel n'existent que les parts des parties. Rancière, bien entendu, s'attarde sur la manière dont la ligne de démarcation entre police et politique est toujours brouillée et contestée : disons, pour s'inscrire dans la tradition marxiste, que le « prolétariat » peut être envisagé comme la subjectivation de la « part des sans-part », qui élève l'injustice de son sort au test ultime d'universalité et peut, dans le même temps, être considéré comme l'opérateur qui provoquera l'apparition d'une société rationnelle postpolitique.

On peut comprendre pour quelles raisons des sociétés tribales, préétatiques, avec toutes leurs authentiques procédures proto-démocratiques de décision relatives aux sujets d'intérêt général (rassemblant la totalité de la population, faisant appel à la délibération collective, à la discussion et au vote, etc.) ne sont pas encore *démocratiques* : non pas parce que la politique en tant que telle induit l'autoaliénation de la société, c'est-à-dire non pas parce que la politique est la sphère surplombant des antagonismes sociaux concrets (comme l'avancerait l'argumentation marxiste classique), mais parce que le litige dans ces rassemblements tribaux prépolitiques est précisément dépourvu du paradoxe politique du *singulier universel*, de la « part des sans-part » se présentant comme un substitut immédiat à l'universalité en tant que telle. Le glissement de la véritable politique vers la police peut parfois simplement consister à remplacer un article défini par un article indéfini, comme le démontrèrent les foules est-allemandes manifestant contre le régime communiste dans les derniers jours de la RDA :

elles criaient dans un premier temps « Nous sommes LE peuple ! » (« Wir sind DAS Volk ! »), réalisant de cette façon le geste de la politisation dans sa forme exemplaire – elles, la « lie » contre-révolutionnaire exclue du Tout officiel du Peuple, privée de juste place dans l'espace officiel (ou, plus précisément, pourvue simplement des attributs qui lui étaient réservés, tels ceux de « contre-révolutionnaires », « hooligans » ou, dans le meilleur des cas, « victimes de la propagande bourgeoise »), revendiquèrent le fait de représenter LE peuple, au nom de « tous » ; pourtant, deux ans plus tard, le slogan se transforma en un « Nous sommes UN peuple ! » (« Wir sind EIN Volk ! »), signalant explicitement la fermeture sur elle-même d'une ouverture politique qui avait été authentique, mais momentanée, signalant la ré-appropriation de l'élan démocratique par les multinationales à travers la réunification allemande, qui signifiait le rattachement à l'ordre policier/politique libéral-capitaliste de l'Allemagne de l'Ouest.

Il est possible d'énumérer les désaveux de ce moment politique, de la logique propre au conflit politique :

— L'*archi-politique* : des tentatives « communautaires » de définir un espace social homogène, organiquement structuré, fermé, traditionnel, qui interdit à l'événement-moment politique de se produire.

— La *para-politique* : la tentative de dépolitiser la politique (de la traduire en logique policière) : le conflit politique est toléré, mais reformulé en une compétition, au sein de l'espace de représentation, entre agents/parties reconnus, pour l'occupation (temporaire) de la place du pouvoir exécutif. (Cette para-politique, naturellement, comprend une série de versions successives différentes : la rupture principale est celle qui se produisit entre sa formulation classique et sa formulation hobbésienne moderne, qui se concentre sur la problématique du contrat social, de l'aliénation des droits individuels avec l'émergence du pouvoir souverain. Les éthiques habermasiennes ou rawlsiennes constituent peut-être les derniers vestiges philosophiques de cette attitude : la tentative de faire échapper la politique à l'antagonisme par la formulation de règles claires devant être respectées afin que la procédure de résolution du litige ne dégénère pas en politique au sens propre du terme.)

— La *méta-politique* marxiste (ou socialiste utopique) : le conflit politique est pleinement assumé, MAIS comme un théâtre d'ombres où se reflètent des événements qui se jouent en réalité sur une autre scène (celle des processus économiques) ; l'objectif ultime de la « véritable » politique est de cette façon son auto-annulation, la transformation de l'« administration de la population » en « administration des choses » à l'intérieur d'un ordre rationnel fait de volonté collective, et pleinement transparent à lui-même. (Pour être plus exact, le marxisme est plus ambigu, dans la mesure où le terme même d'« économie politique » ouvre également l'espace au geste opposé consistant à introduire la politique au cœur même de l'économie, c'est-à-dire à dénoncer le caractère très « apolitique » des processus économiques comme l'illusion idéologique suprême. La lutte des classes n'« exprime » pas quelque contradiction économique objective, elle *est* exactement la *forme d'existence* de cette contradiction.)

— La quatrième forme, la version la plus sournoise et radicale de désaveu (qui n'est pas évoquée par Rancière), est celle que nous sommes tentés d'appeler l'*ultra-politique* : la tentative de dépolitiser le conflit en le portant à son paroxysme, *par le biais* de la militarisation directe de la politique, c'est-à-dire par sa reformulation en guerre « Nous » opposant à « Eux », notre ennemi, guerre où n'existe plus aucun socle commun pour le conflit symbolique – il est symptomatique que, au lieu de *lutte* des classes, la droite radicale parle de *guerre* des classes (ou des sexes).

Ce à quoi nous assistons dans l'ensemble de ces quatre cas, c'est donc à une tentative de neutralisation de la dimension proprement traumatique du politique : un phénomène apparut dans la Grèce ancienne sous le nom de *demos* pour revendiquer ses droits et, dès tout débuts (de *La République* de Platon) au récent renouveau de la « philosophie politique » libérale, la « philosophie politique » fut une tentative de suspendre le potentiel de déstabilisation du politique, de le désavouer et/ou le réguler d'une manière ou d'une autre : en provoquant un retour à un corps social prépolitique, en fixant les règles de la compétition politique... La trame métaphorique à laquelle nous avons recours dans le but de rendre compte du processus politique n'est par conséquent jamais innocente et neutre : elle « schématise » la signification concrète de la politique. L'ultra-politique a recours au modèle de la *guerre* : la politique est conçue comme une forme de guerre sociale, comme la relation à « Eux », à un ennemi. L'archi-politique préfère se référer au modèle *médical* : la société est un corps constitué, un organisme ; les divisions sociales sont comme les maladies, que nous devrions combattre, de cet organisme ; notre ennemi est une tumeur cancéreuse, le virus de la peste, un parasite étranger à éliminer pour que soit rétablie la santé du corps social. La para-politique utilise le modèle de la compétition *agonistique* qui respecte certaines règles acceptées de tous, tel un événement sportif. La méta-politique s'appuie sur le modèle de la procédure *instrumentale* scientifico-technologique, tandis que la postpolitique suppose le modèle de la *négociation* commerciale et du *compromis* stratégique.

La postpolitique...

La « philosophie politique » est de cette façon, sous toutes ses différentes formes, une sorte de « formation de défense », et l'on pourrait peut-être bien établir sa typologie *via* la référence aux différentes modalités de défense contre certaines expériences traumatiques en psychanalyse. Aujourd'hui, quoi qu'il en soit, nous avons affaire à une autre forme de dénégation du politique, la *postpolitique* postmoderne, qui ne « refoule » plus simplement le politique, en tentant de le contenir et de pacifier le « retour du refoulé », mais le « récupère » bien plus efficacement, de telle sorte que les formes postmodernes de la violence ethnique, avec leur caractère « irrationnel » démesuré, ne constituent plus de simples « retours du refoulé », mais représentent plutôt un cas d'effondrement (du symbolique) qui, Lacan nous l'a appris, retourne dans le Réel. Dans la postpolitique, le conflit entre des visions idéologiques globales incarnées par différentes parties en lutte pour le pouvoir est remplacé par la collaboration entre technocrates éclairés (économistes, experts ès opinion publique...) et tenants du multiculturalisme libéral ; à travers le processus de négociation des intérêts, un compromis est atteint sous la forme d'un consensus plus ou moins universel. La postpolitique met de cette manière l'accent sur la nécessité de se délester des vieilles divisions idéologiques et de se confronter à de nouveaux enjeux, armés de la nécessaire connaissance de l'expert et de la libre délibération soucieuse des demandes et des besoins réels de la population. La formule qui met le mieux en lumière le paradoxe de la postpolitique se trouve peut-être dans la définition que donna Tony Blair du *New Labour* en le présentant comme le « Centre radical » : au bon vieux temps des divisions politiques « idéologiques », le qualificatif « radical » était réservé soit à l'extrême gauche, soit à l'extrême droite. Le Centre était par définition modéré : à l'aune des anciens critères, le terme de « Centre radical » est aussi absurde que celui de « modération radicale ». Ce qui rend le *New Labour* « radical », c'est son abandon radical des « vieilles divisions idéologiques », abandon pouvant se résumer à une paraphrase d'un dicton du Deng Xiao Ping des années soixante : « Peu importe qu'un chat soit roux ou blanc, ce qui importe c'est qu'il attrape comme il faut les souris ». Dans la même veine, les défenseurs du *New Labour* aiment insister sur le fait que l'on devrait, sans en tirer un quelconque préjudice, prendre les bonnes idées et les appliquer, quelles que soient leurs origines (idéologiques). Et quelles sont ces « bonnes idées » ? La réponse, naturellement, est : *les idées qui marchent.* C'est ici que s'impose à nous le fossé séparant un acte politique véritable de l'« administration des questions sociales » qui subsiste à l'intérieur de la trame des relations sociopolitiques existantes : le *propre* de l'acte (de l'intervention) politique n'est pas simplement de bien fonctionner au sein de la trame des relations existantes, mais de *modifier la trame même qui détermine la manière dont fonctionnent les choses*. Affirmer que les bonnes idées sont « les idées qui marchent » signifie que l'on accepte par avance la constellation (capitaliste planétaire) qui détermine ce qui marche (si, par exemple, il est dépensé trop d'argent pour l'éducation ou les soins de santé, cela « ne marche pas » dans la mesure où cela enfreint trop les conditions de la profitabilité capitaliste). On peut également le postuler en reprenant les termes propres à la définition bien connue de la politique comme « art du possible » : la politique authentique est plutôt l'exact opposé, c'est-à-dire l'art de l'*impossible* – elle modifie les paramètres mêmes de ce qui est considéré comme « possible » dans la constellation existante. Dans cette acception, même la visite de Nixon en Chine et l'établissement qui s'ensuivit de relations diplomatiques entre les USA et la Chine furent une sorte d'acte politique, dans la mesure où elle changea en réalité les paramètres de ce qui était considéré comme « possible » (ou « réalisable ») dans le domaine des relations internationales – oui, réaliser l'impensable et s'entretenir normalement avec l'ennemi ultime serait faisable.

L'une des opinions communément admises aujourd'hui est que nous entrons dans une nouvelle société médiévale adoptant le masque d'un Nouvel Ordre mondial – le noyau dur de vérité de cette comparaison réside dans le fait que, à l'instar des temps médiévaux, le Nouvel Ordre mondial est global mais pas universel, dans la mesure où ce Nouvel ORDRE planétaire fait en sorte que chaque partie occupe la part qui lui est allouée. Un défenseur typique du libéralisme aujourd'hui met dans le même panier les protestations des ouvriers contre les atteintes portées à leurs droits et l'insistance des idéologues de droite sur la fidélité à l'héritage culturel occidental : il les envisage ensemble comme de désolants remugles de l'« âge de l'idéologie » ayant perdu toute pertinence dans l'univers postidéologique contemporain. Cela étant, ces deux formes de résistance à la globalisation suivent des logiques totalement incompatibles : la droite met l'accent sur une identité commune PARTICULIÈRE (*ethnos* ou *habitat*) menacée par les offensives de la globalisation, alors que pour la gauche la dimension menacée par cette dernière est celle de la politisation, de l'articulation de demandes UNIVERSELLES « impossibles » (« impossible » vu de l'intérieur de l'espace propre à l'Ordre mondial). Il faudrait ici opposer *globalisation* et *universalisation* : la globalisation (qu'il ne faudrait pas simplement envisager dans l'acception de capitalisme planétaire, d'établissement d'un marché mondial planétaire, mais aussi dans le sens de l'affirmation de l'« humanité » comme axe de référence global des droits de l'homme, légitimant la violation de la souveraineté étatique, les interventions policières, des embargos commerciaux aux interventions militaires directes, dans les parties du monde où sont violés les droits humains globaux) est précisément le nom de la logique postpolitique émergente qui fait progressivement obstacle à la dimension d'universalité qui apparaît dans la politisation véritable. Le paradoxe est qu'il n'existe pas d'universel véritable sans processus d'affrontement politique, sans « part des sans-part », sans entité marginalisée se présentant/s'insurgeant en tant que porte-parole de l'universel.

... et sa violence

La notion élaborée par Rancière de postpolitique devrait être reliée à celle de cruauté démesurée, non fonctionnelle, telle que la proposa Balibar comme forme de la vie contemporaine[1] : une cruauté dont les modalités vont du carnage « fondamentaliste » raciste et/ou religieux aux explosions « insensées » de violence commises par des adolescents et des sans-abri dans nos mégalopoles, une violence que l'on est tenté d'appeler le *Mal-du-Ça* (*Id-Evil*), une violence ne pouvant s'expliquer par des raisons utilitaristes ou idéologiques. L'ensemble du discours sur les étrangers qui nous volent nos emplois ou sur la menace qu'ils représentent pour nos valeurs occidentales ne devrait pas nous abuser : à l'examiner de plus près, il devient très vite évident que ce discours fournit une rationalisation de second ordre plutôt superficielle. La réponse que nous obtenons en définitive d'un skinhead est que cela lui fait du bien de

1. Voir à ce propos Étienne Balibar, « La violence : idéalité et cruauté », dans *La Crainte des masses, op. cit.*

cogner sur des étrangers, que la présence de ces derniers le dérange... Ce à quoi nous assistons ici, c'est au *Mal-du-Ça*, c'est-à-dire au Mal structuré et motivé par le déséquilibre le plus criant entre le Moi et la *jouissance*, par la tension entre le plaisir et le corps étranger de la *jouissance* résidant en son cœur même. Le *Mal-du-Ça* désigne ainsi le « court-circuit » le plus élémentaire dans la relation du sujet à l'objet-cause originellement manquant de son désir : ce qui nous « dérange » dans l'« autre » (Juif, Japonais, Africain, Turc...), c'est qu'il paraît entretenir une relation privilégiée à l'objet – soit l'autre possède l'objet-trésor, nous l'ayant soustrait (ce pourquoi nous ne le possédons pas), soit il menace de nous soustraire l'objet[1]. Ce qu'il faudrait ici, une nouvelle fois, proposer, c'est le « jugement infini » hégélien affirmant l'identité spéculative de ces explosions de violence « inutiles » et « démesurées », qui ne manifestent rien d'autre qu'une haine de l'autre, pure et nue (« non sublimée »), avec l'univers multiculturel postpolitique fait de tolérance pour la différence au sein duquel n'est exclu personne. Bien sûr, nous utilisons simplement le terme « non sublimée » dans son acception commune qui, en l'espèce, représente l'exact contraire de sa signification psychanalytique stricte – en résumé, ce qui joue un rôle dans la concentration de notre haine sur un certain représentant de l'Autre (officiellement toléré), c'est le mécanisme même de *sublimation* à son niveau

1. Pour un approfondissement de ce thème, voir le chapitre III de l'ouvrage de Slavoj Zizek, *The Metastases of Enjoyment*, Londres, Verso, 1995.

le plus rudimentaire : la tendance naturelle de l'universalité concrète postpolitique à la récupération tous azimuts, qui intègre chacun au stade de l'inclusion symbolique, cette vision-pratique multiculturelle de l'« unité dans la différence » (« tous égaux, tous différents »), laisse ouverte, comme seul moyen de marquer sa différence, la possibilité du geste proto-sublimatoire consistant à élever un Autre contingent (de race, sexe, religion...) en « Autre absolu » de la Chose impossible, en menace ultime contre notre identité – en cette Chose qui doit être annihilée si nous voulons survivre. Le paradoxe proprement hégélien s'impose ici dans toute sa force : l'apparition finale de l'« universalité concrète » véritablement rationnelle – l'abolition des antagonismes, l'univers « adulte » de la coexistence négociée entre différents groupes – coïncide avec son exact contraire, avec des explosions de violence entièrement contingentes.

La règle hégélienne fondamentale est que l'excès « objectif » (le règne direct de l'universalité abstraite qui impose « mécaniquement » sa loi, au mépris absolu du sujet concerné prisonnier de sa trame) est toujours augmenté de l'excès « subjectif » (l'exercice irrégulier, arbitraire, des caprices). Balibar propose un cas exemplaire de cette interdépendance[1], qui permet de distinguer deux modes opposés mais complémentaires de violence sans mesure : la violence « ultra-objective » (« structurelle ») qui est inhérente aux conditions sociales du capitalisme global (la création « automatique » d'individus

1. Voir Étienne Balibar, *La Crainte des masses, op. cit.*, pp. 42-43.

exclus et inutiles, du sans-abri au chômeur), et la violence « ultra-subjective » des « fondamentalismes » ethniques et/ou religieux (en résumé : racistes) nouvellement émergents. Cette violence « sans mesure » et « sans fondement » induit son propre mode de connaissance, celui d'une critique cynique impuissante – pour en revenir à notre exemple du *Mal-du-Ça*, du skinhead cognant sur des étrangers : s'il était réellement poussé à expliquer les origines de sa violence, et s'il faisait preuve d'une réflexion théorique minimale, il se mettrait soudainement à parler comme les travailleurs sociaux, sociologues et autres psychologues sociaux, faisant référence à la panne de l'ascenseur social, à l'insécurité grandissante, à la disparition de l'autorité parentale, à l'absence d'amour maternel dans sa prime enfance... En résumé, il proposerait un compte rendu psycho-sociologique plus ou moins exact de ses actes, si cher aux libéraux éclairés, pressés d'« envisager » le jeune violent comme une victime tragique de son environnement social et familial. La formule éclairée habituelle de l'efficacité de la « critique de l'idéologie », de Platon à aujourd'hui (« Ils le font, parce qu'ils ne savent pas ce qu'ils font », c'est-à-dire que la connaissance est en elle-même libératrice : lorsque le sujet égaré réfléchit à ce qu'il fait, il arrête de le faire), est ici contournée : le skinhead violent « sait très bien ce qu'il fait, mais il le fait néanmoins »[1]. La connaissance symboliquement

1. Pour une présentation plus détaillée de cette attitude cynique réfléchie, voir le chapitre III de l'ouvrage de Slavoj Zizek, *The Indivisible Remainder*, Londres, Verso, 1996.

efficiente, ancrée dans la véritable *praxis* sociale du sujet, se désintègre, d'un côté, en une violence « irrationnelle » sans mesure, dépourvue de fondement idéologico-politique, et, de l'autre, en une critique de l'extérieur impuissante qui laisse intacts les actes du sujet. Derrière la figure de ce skinhead qui, un sourire ironique aux lèvres, explique au journaliste perplexe les origines de son comportement absurdement violent, bien connu de cette critique cynique impuissante, l'adepte du multiculturalisme tolérant éclairé, penché sur les formes « compréhensibles » de violence sans mesure, retrouve le message qui est le sien dans sa forme invertie, véritable – en résumé, comme Lacan l'aurait avancé, la communication entre l'« objet » de son étude – l'intolérant skinhead – et lui-même est, à ce stade, parfaitement réussie.

Cruciale est ici la distinction entre cette violence « dysfonctionnelle » sans mesure et la violence obscène servant de support implicite à la notion universelle idéologique standard (lorsque « les droits de l'homme » ne sont « pas réellement universels » mais « en réalité les droits des mâles blancs possédants », chaque tentative de mépriser cette série sous-jacente, implicite, de règles non écrites, qui contraignent en réalité l'universalité des droits, se manifeste par des explosions de violence). Nulle part ce contraste n'est plus fort qu'avec les Afro-Américains : bien que formellement habilités à participer à la vie politique du simple fait de leur citoyenneté américaine, le vieux racisme démocratique para-politique interdisait leur participation effective en renforçant silencieusement leur exclusion (*via* des menaces verbales et physiques, etc.). La réponse appropriée à cette exclusion-de-l'Universel récurrente fut le grand mouvement des droits civiques associé au nom de Martin Luther King : il mit un terme au supplément obscène implicite qui décrétait l'exclusion véritable des Noirs de l'égalité universelle formelle – bien sûr, il était facile pour un tel geste de s'attirer le soutien de la grande majorité de la classe supérieure libérale blanche qui méprisait ses adversaires et les considérait comme des bouseux du Sud. Aujourd'hui, quoi qu'il en soit, le véritable champ de bataille a changé : l'élite libérale postpolitique ne reconnaît pas seulement dans son entièreté le fossé entre l'égalité formelle et son actualisation/mise en œuvre ; elle ne reconnaît pas seulement la logique d'exclusion de la « fausse » universalité idéologique ; elle la combat même activement en lui appliquant une vaste trame de mesures juridico-psychologico-sociales, allant de l'identification des problèmes spécifiques de chaque groupe et sous-groupe (non seulement les homosexuelles mais les lesbiennes afro-américaines, les mères lesbiennes afro-américaines, les mères lesbiennes afro-américaines au chômage...) à la proposition de séries de mesures (« discrimination positive », etc.) destinées à corriger ce qui ne va pas. Ce qu'interdit une telle procédure faite de tolérance, c'est le vrai geste de *politisation* : bien que les problèmes posés par le fait d'être une mère lesbienne afro-américaine au chômage soient adéquatement référencés au regard de leurs formes les plus spécifiques, le sujet concerné n'en « ressent » pas moins, d'une manière ou d'une autre, que quelque chose « ne va pas » et provoque une « frustration » du fait même de cet effort consistant à rendre justice à sa malheureuse situation spécifique – ce dont il est privé, c'est de la possibilité d'élever sur un plan « métaphorique » son « tort » spécifique en substitut du « tort » universel. La seule façon d'articuler cette universalité – le fait que, précisément, je ne suis PAS simplement cet individu spécifique exposé à une série d'injustices spécifiques – réside alors dans son apparent contraire, dans l'explosion sans mesure d'une violence parfaitement « irrationnelle ». La vieille règle hégélienne se montre ici une nouvelle fois confirmée : le seul moyen pour une universalité d'en venir à exister, à « se poser en principe » elle-même « en tant que telle », est d'adopter le masque de son exact contraire, de ce qui ne peut apparaître que comme une excessive lubie « irrationnelle ». Ces *passages à l'acte*[1] violents témoignent d'un certain *antagonisme* sous-jacent qui ne peut plus être formulé-symbolisé en termes véritablement politiques. La seule manière de contrecarrer ces explosions « irrationnelles » sans mesure est d'aborder la question de ce qui n'en reste pas moins saisi dans la logique postpolitique de récupération-tolérance tous azimuts, et d'actualiser cette dimension négligée dans quelque nouveau mode de subjectivation politique.

Rappelons-nous l'exemple classique d'une protestation populaire (manifestations de masse, grève, boycott) contre un sujet spécifique, c'est-à-dire se concentrant sur une demande particulière (« Supprimez ce nouvel impôt ! Justice pour les détenus ! Arrêtez d'exploiter

1. En français dans le texte (*N.d.T.*).

cette ressource naturelle ! »...). La situation se politise lorsque cette demande particulière se met à fonctionner comme une condensation métaphorique de l'opposition globale contre Eux, ceux qui détiennent le pouvoir, de telle sorte que la protestation ne concerne plus en réalité simplement cette demande, mais la dimension universelle qui résonne dans cette demande particulière. Pour cette raison, les protestataires se sentent souvent déçus lorsque les gouvernants, à qui était adressée leur protestation, se contentent d'accéder à leur demande – comme si, en procédant ainsi, sous le masque même de l'acceptation de leur demande, ils les frustraient d'une manière ou d'une autre, en les privant du véritable objectif de leur protestation. Ce que la postpolitique tend à prévenir, c'est précisément cette universalisation métaphorique de demandes particulières : la postpolitique mobilise le gigantesque appareil d'experts, de travailleurs sociaux, etc., pour réduire la demande (plainte) d'un groupe particulier à une simple demande à teneur particulière – peu importe que cette fermeture étouffante donne lieu à d'« irrationnelles » explosions de violence comme seul moyen de donner à s'exprimer la dimension excédant le particularisme.

Existe-t-il un eurocentrisme progressiste ?

Cette trame conceptuelle nous permet d'aborder d'une manière inédite le socialisme est-européen. Le passage d'un socialisme réellement existant à un capitalisme réellement existant en Europe de l'Est suscita une série de renversements comiques à l'issue desquels un sublime enthousiasme démocratique sombra dans le ridicule. Les foules est-allemandes pleines de dignité se rassemblant autour des églises protestantes et défiant avec héroïsme la terreur de la Stasi se transformèrent soudainement en de vulgaires consommateurs de pornographie de bas étage ; les Tchèques civilisés, mobilisés par l'appel de Havel et d'autres icônes de la culture, se transformèrent brutalement en spécialistes au rabais de l'arnaque pour touristes occidentaux... La déception fut réciproque : l'Ouest, qui commença par idolâtrer le mouvement des dissidents de l'Est en le considérant comme la réinvention de sa propre démocratie aux abois, regarde avec un mélange de mépris et de désabusement les régimes postsocialistes actuels comme un composé réunissant l'oligarchie ex-communiste corrompue et/ou des fondamentalistes ethniques et religieux (même les libéraux en difficulté sont tenus en respect au motif de ne pas être assez « politiquement corrects » : où est leur conscience féministe ? etc.) ; l'Est, qui commença par idolâtrer l'Ouest en le considérant comme l'exemple à suivre d'une démocratie prospère, se retrouve pris dans le tourbillon d'une commercialisation à outrance et d'une colonisation économique. Tout cela en valait-il la peine ? Le héros du *Faucon maltais* de Dashiell Hammett, le détective privé Sam Spade, raconte l'histoire de sa mission qui consistait à retrouver la trace d'un homme qui avait brusquement quitté son travail et son foyer, et s'était évanoui dans la nature. Spade est incapable de le retrouver mais, quelques années plus tard, rencontre par hasard l'homme en question dans un bar d'une autre ville. Sous un nom d'emprunt, il mène là une vie remarquablement semblable à celle qu'il a quittée (un travail ennuyeux, une nouvelle femme et de nouveaux enfants) – pourtant, en dépit de cette similitude, l'homme est convaincu que son nouveau départ n'a pas été inutile, que couper les ponts et entamer une nouvelle existence en valait la peine... Peut-être en va-t-il de même pour ce qui est du passage du socialisme réellement existant au capitalisme réellement existant dans les pays ex-communistes d'Europe de l'Est : en dépit des attentes enthousiastes déçues, quelque chose S'EST PRODUIT dans l'intervalle, dans le passage lui-même, et c'est dans l'événement propre à cet intervalle, ce « médiateur évanouissant[1] », dans ce moment d'enthousiasme démocratique, que nous devrions repérer la dimension cruciale que vint obscurcir la renormalisation qui s'ensuivit.

Il est évident que les foules protestataires de RDA, de Pologne et de République tchèque « voulaient quelque chose d'autre », un objet utopique, fait de Perfection impossible, qui se voyait désigné d'une multitude de noms (« solidarité », « droits de l'homme », etc.), et PAS ce qu'elles obtinrent en définitive. Il existe deux réactions possibles face à ce fossé existant entre les attentes et la réalité ; la référence à l'opposition bien connue entre le *sot* et le *coquin* constitue un excellent moyen de les comprendre. Le sot est un nigaud, un bouffon autorisé à dire la vérité, précisément parce que est suspendu le « pouvoir performatif » (l'efficacité sociopolitique) de son discours ; le coquin est le cynique qui dit ouvertement la vérité, un escroc qui essaie de faire passer comme signe d'honnêteté la reconnaissance explicite de sa malhonnêteté, un vaurien qui admet la nécessité d'une répression illégitime afin de maintenir la stabilité sociale. Après la chute du socialisme, le coquin est un défenseur néo-conservateur du marché libre, qui rejette avec cruauté toutes les formes de solidarité sociale en les présentant comme du sentimentalisme contre-productif, tandis que le sot fait de la critique sociale « radicale » multiculturelle qui, par le biais de ses procédures

1. Le médiateur évanouissant (*vanishing mediator*) est chez Fredric Jameson l'opérateur de transition d'une situation à une autre, opérateur de retournement. Voir l'ouvrage

ludiques destinées à « subvertir » l'ordre existant, sert en réalité d'adjuvant à ce dernier. Un coquin méprise le projet de « troisième voie » du *Neues Forum*[1] dans l'ex-RDA en le présentant comme une utopie passée de mode et sans espoir, et nous exhorte à accepter la cruelle réalité du marché, tandis qu'un sot insiste sur le fait que l'effondrement du socialisme ouvrit effectivement la possibilité d'une Troisième Voie, possibilité laissée inexploitée par la recolonisation occidentale de l'Est.

Ce cruel renversement du sublime en ridicule trouvait, bien entendu, ses origines dans le fait qu'existait un double quiproquo à l'œuvre dans l'(auto)perception publique des mouvements de protestation sociale (de Solidarité au *Neues Forum*) au cours des dernières années du socialisme est-européen. D'un côté, la *nomenklatura* au pouvoir tentait de réinscrire ces événements dans le cadre de sa grille de lecture policière/politique, en opérant une distinction entre les « critiques honnêtes » avec qui il était possible de débattre, mais dans une ambiance dépolitisée, calme et rationnelle, et un groupuscule de provocateurs extrémistes au service d'intérêts étrangers. (Cette logique fut poussée à son absurde paroxysme en ex-Yougoslavie, où la notion même de grève ouvrière était incompréhensible puisque, au regard de l'espace idéologique dominant, les ouvriers dirigeaient déjà, en toute autonomie, leurs

---

de Slavoj Zizek, *L'Intraitable. Psychanalyse, politique et culture de masse*, Paris, Economica, 1993 (*N.d.T.*).

1. Le *Neues Forum* fut l'un des principaux mouvements d'opposition à l'Est avant la chute du mur (*N.d.É.*).

entreprises – contre qui, dans ces conditions, pouvaient-ils vraiment faire grève ?) Il ne s'agissait de cette façon pas seulement de lutter pour de plus hauts salaires et de meilleures conditions de travail, mais aussi, et par-dessus tout, pour les ouvriers, d'être reconnus comme des partenaires légitimes dans le cadre des négociations avec les représentants du régime. Lorsque ces mouvements explosèrent en un large phénomène de masse, leurs demandes en faveur de la liberté et de la démocratie (et de la solidarité et...) furent également mal comprises par les commentateurs occidentaux qui virent en elles confirmation que la population de l'Est voulait également ce qu'avait déjà la population occidentale : ils traduisirent automatiquement ces demandes en termes de liberté libérale-démocratique occidentale (un jeu politique basé sur la représentation multipartiste *associé à* l'économie de marché globale). Emblématique de cette logique jusqu'à la caricature fut ici la figure de Dan Rather, le présentateur des Actualités américaines qui, sur la place Tien An Men en 1989, posait devant une réplique de la statue de la Liberté et clamait que cette statue incarnait à elle seule les aspirations des étudiants protestataires (en résumé, si vous arrachez la peau jaune d'un Chinois, vous trouvez un Américain). Ce que cette statue représentait en réalité, c'était une aspiration utopique n'ayant rien à voir avec les États-Unis d'aujourd'hui (incidemment, il en allait de même pour les premiers immigrants d'Amérique, pour qui la vision de la statue représenta une aspiration utopique bientôt réduite à néant). La vision des médias américains offrait ainsi un autre exemple de réinscription, à l'intérieur des limites d'un ordre donné, de l'explosion de ce qu'Étienne Balibar appela *égaliberté* (la demande inconditionnelle en faveur d'une liberté-égalité désintégrant n'importe quel ordre positif).

Sommes-nous, dans ces conditions, condamnés à l'alternative débilitante consistant à choisir entre un sot et un coquin, ou existe-t-il un *tertium datur* ? Peut-être les contours de ce *tertium datur* peuvent-ils s'entrapercevoir *via* la référence à l'héritage européen originel. Lorsque l'on dit « héritage européen », n'importe quel intellectuel de gauche qui se respecte réagit comme Joseph Goebbels face à la culture – il dégaine et se met à lancer des accusations d'impérialisme culturel eurocentriste proto-fasciste... Quoi qu'il en soit, est-il possible d'imaginer une appropriation de gauche de la tradition politique européenne ? Oui, à condition de suivre Rancière et d'identifier comme le cœur de cette tradition le geste unique qu'est celui de la subjectivation politique démocratique : ce fut cette politisation authentique qui émergea à nouveau violemment dans la désintégration du socialisme est-européen. En me retournant sur mon passé politique personnel, revient à mon souvenir, après que quatre journalistes furent arrêtés et traînés en justice par l'armée yougoslave en Slovénie en 1988, ma participation au « Comité pour la protection des droits de l'homme des quatre accusés ». Officiellement, son objectif était simplement de garantir aux quatre accusés un traitement équitable ; pourtant, il se transforma pour devenir la principale force politique d'opposition, en pratique la version slovène du Forum civique tchèque ou du *Neues Forum* est-allemand, soit la structure de coordination de l'opposition démocratique, une représentante *de facto* de la société civile. Le programme du Comité était réparti en quatre articles ; les trois premiers concernaient directement les accusés, tandis que le « diable qui réside dans le détail », naturellement, se dissimulait dans le quatrième, qui affirmait que le Comité entendait clarifier dans leur intégralité les circonstances de l'arrestation des quatre accusés, et ainsi contribuer à la création d'une configuration qui ferait que de telles arrestations ne soient plus possibles – une manière cryptée de dire que nous voulions l'abolition du régime socialiste existant. Notre demande, « Justice pour les quatre accusés ! », se mit à fonctionner comme la condensation métaphorique de la demande en faveur du renversement global du régime socialiste. Pour cette raison, dans les négociations presque quotidiennes avec le Comité, les caciques du parti communiste nous accusèrent toujours de « visées occultes », criant haut et fort que la libération des quatre accusés n'était pas notre objectif principal, c'est-à-dire que nous « instrumentalisions et manipulions l'arrestation et le procès en vue d'autres objectifs politiques plus troubles ». En résumé, les communistes souhaitaient jouer le jeu de la dépolitisation « rationnelle » : ils entendaient priver le slogan « Justice pour les quatre accusés ! » de son potentiel explosif général, et le réduire à sa signification littérale, qui ne concernait qu'une question juridique mineure ; ils affirmaient avec cynisme que c'était nous, le Comité, qui nous comportions de « manière non démocratique » et manipulions le sort des quatre accusés, cherchant à générer une pression globale et des stratégies de chantage au lieu de nous concentrer sur le problème particulier que constituait la situation des accusés...

Voilà la politique au sens propre du terme : le moment où une demande particulière n'est pas simplement partie de la négociation entre intérêts, mais conduit à quelque chose de plus, et commence à fonctionner comme la condensation métaphorique de la restructuration globale de l'espace social dans sa totalité. Le contraste est évident entre cette subjectivation et la prolifération, aujourd'hui, de « politiques identitaires » postmodernes dont l'objectif est l'exact contraire, c'est-à-dire, précisément, l'affirmation de l'identité particulière de chacun, de la place appropriée de chacun au sein de la structure sociale. Les politiques identitaires postmodernes centrées sur des modes de vie particuliers (ethniques, sexuels, etc.) incarnent à la perfection la notion de société dépolitisée, où chaque groupe particulier « est identifié », bénéficie d'un statut spécifique (de victime) reconnu à travers l'*affirmative action* ou d'autres mesures visant à garantir la justice sociale. Le fait que ce type de justice rendue aux minorités victimisées nécessite un appareil policier complexe (dont la mission consiste à identifier le groupe en question, à punir ceux qui portent atteinte à ses droits – comment définir sur le plan juridique le harcèlement sexuel ou l'injure raciale ? etc. –, destiné à élaborer le traitement préférentiel susceptible de réparer le tort dont souffrait ce groupe) a une signification profonde : ce qui est habituellement loué comme « politique postmoderne » (la poursuite d'enjeux particuliers dont la résolution doit être négociée à l'intérieur d'un ordre global « rationnel » allouant à chaque composante particulière sa juste place) constitue de cette façon, en réalité, le glas de la politique au sens propre du terme.

Ainsi, alors que tout le monde semble s'accorder sur le fait que le régime capitaliste global, libéral-démocratique, postpolitique d'aujourd'hui est le régime du non-événement (du dernier homme, pour citer Nietzsche), la question demeure de savoir où chercher l'événement. La solution évidente est la suivante : dans la mesure où nous expérimentons la vie sociale postmoderne contemporaine comme « non substantielle », la réponse appropriée réside dans la foultitude des retours passionnés, souvent violents, aux « racines », aux différentes formes de « substance » ethnique et/ou religieuse. Qu'est-ce que la « substance » dans l'expérience sociale ? Il s'agit du moment émotionnel violent de la « reconnaissance », celui où nous en venons à nous préoccuper de nos « racines », de notre « authentique appartenance », le moment en face duquel la distance réflexive libérale se montre totalement impuissante – tout à coup, à la dérive dans le monde, nous nous retrouvons la proie d'une sorte de désir absolu d'un « chez-soi », et tout le reste, nos préoccupations communes quotidiennes, devient anecdotique... Nous devons ici, quoi qu'il en soit, pleinement souscrire à l'hypothèse de Badiou d'après laquelle ces « retours à la Substance » font eux-mêmes preuve d'impuissance face au marché global du Capital : ils sont son adjuvant intrinsèque, la limite/condition de son fonctionnement, puisque, comme le martelait Deleuze il y a des années, la « déterritorialisation » capitaliste s'accompagne toujours de « reterritorialisations » réemergentes. Plus exactement, l'offensive de la globalisation capitaliste entraîne une scission inhérente au champ des identités particulières elles-mêmes.

D'un côté, ce que l'on appelle les « fondamentalismes », dont la formule de base est celle de l'identité de groupe, qui implique la pratique de l'exclusion du menaçant Autre : la France aux Français (contre les immigrés algériens), l'Amérique aux Américains (contre l'invasion hispanique), la Slovénie aux Slovènes (contre la présence excessive des « méridionaux », ces immigrants des républiques anciennement yougoslaves)... L'observation d'Abraham Lincoln sur le spiritualisme (« Quant à ceux qui apprécient ce genre de choses, il vaudrait mieux penser qu'il s'agit simplement du genre de chose qu'ils apprécient ») résume parfaitement ce caractère tautologique de l'autoenfermement nationaliste, et, pour cette raison, fonctionne encore mieux avec les nationalistes, alors qu'elle ne *fonctionne pas* si elle est appliquée aux authentiques démocrates radicaux : on ne peut *pas* dire, à propos de l'engagement démocratique authentique, que « quant à ceux qui apprécient ce genre de choses, il vaudrait mieux penser qu'il s'agit simplement du genre de chose qu'ils apprécient ».

De l'autre, les « politiques identitaires » multiculturelles postmodernes, visant à la coexistence tolérante de groupes aux manières de vivre « hybrides », et même changeantes, divisés à l'infini en sous-groupes (femmes hispaniques, gays noirs, malades du SIDA mâles blancs, mères lesbiennes...). Cette floraison perpétuellement jaillissante de groupes et sous-groupes dans leurs identités hybrides, fluides et mouvantes, chacun insistant sur le droit d'affirmer son mode spécifique de vie et/ou de culture, cette incessante diversification, n'est possible et pensable qu'adossée au socle de la globalisation capitaliste ; elle est la manière même par laquelle la globalisation capitaliste affecte notre sentiment d'appartenance ethnique et les autres formes d'appartenance communautaire : le seul lien reliant ces multiples groupes est le lien du Capital lui-même, toujours prêt à satisfaire les demandes spécifiques de chaque groupe et sous-groupe (tourisme gay, musique hispano...).

L'opposition entre le fondamentalisme et les politiques identitaires pluralistes postmodernes est en définitive un simulacre, dissimulant une profonde complicité (ou, pour le dire à la Hegel, une identité spéculative) : un défenseur du multiculturalisme peut aisément trouver attractive même l'identité ethnique la plus « fondamentaliste », à la seule condition qu'elle soit l'identité du prétendu authentique Autre (disons, aux États-Unis, l'identité tribale américaine originaire) ; un groupe fondamentaliste peut facilement adopter, dans son fonctionnement social, les stratégies postmodernes de la politique identitaire, en se présentant comme l'une des minorités menacées luttant simplement pour conserver son mode de vie spécifique et son identité culturelle. La ligne de démarcation entre la politique identitaire du multiculturalisme et le fondamentalisme est de cette façon purement formelle ; elle ne dépend souvent que de la perspective différente à partir de laquelle l'observateur scrute un mouvement destiné à maintenir une identité de groupe.

Dans ces conditions, l'Événement qui prend l'apparence du « retour aux racines » ne peut qu'être un faux-semblant qui épouse à la perfection le mouvement capitaliste circulaire, ou qui – dans le pire des cas – conduit à une catastrophe comme le nazisme. La constellation idéologico-politique d'aujourd'hui a pour caractéristique le fait que ces types de pseudo-événements constituent les seules apparences d'événements semblant surgir (seul le populisme droitier aujourd'hui affiche l'authentique passion *politique* qui consiste à accepter la *lutte*, à admettre ouvertement que, dans la mesure où l'on entend parler d'un point de vue universel, on ne choisit pas pour but de plaire à tout le monde, mais bien d'être prêt à introduire une *division* entre « Nous » et « Eux »). Il a souvent été relevé que, en dépit de leur haine dégoûtée de Buchanan aux USA, de Le Pen en France, ou de Haider en Autriche, même les gens de gauche ressentent une sorte de soulagement à leur apparition – finalement, au beau milieu du règne aseptisé de l'administration postpolitique des affaires publiques, il reste quelques figures pour ressusciter une véritable passion politique de la division et de la confrontation, une croyance engagée dans les enjeux politiques, bien que dans une forme répulsive déplorable... Nous sommes ainsi de plus en plus prisonniers d'un espace claustral à l'intérieur duquel nous ne pouvons qu'osciller entre le non-événement de la course sans obstacles du Nouvel Ordre mondial libéral-démocratique et capitaliste planétaire et les événements fondamentalistes (la montée des proto-fascismes locaux, etc.), qui viennent temporairement perturber la surface calme de l'océan capitaliste – peu importe, dans ces conditions, que Heidegger ait interprété par erreur le pseudo-Événement de la révolution nazie comme l'Événement lui-même.

Les trois universels

Ces impasses montrent combien la structure de l'Universel est bien plus complexe qu'elle n'y paraît. Balibar a défini les trois niveaux d'universalité qui correspondent par bien des aspects au triangle lacanien du Réel, de l'Imaginaire et du Symbolique [1] : l'universalité « réelle » de la globalisation avec le processus complémentaire des « exclusions internes » (les conséquences du fait que, aujourd'hui, le sort de chacun de nous dépend du réseau complexe des relations du marché global) ; l'universalité de la fiction régulant l'hégémonie idéologique (l'Église ou l'État comme « communautés inventées » universelles, autorisant le sujet à prendre de la distance par rapport à son immersion dans son groupe social immédiat – classe, profession, sexe, religion... – et à s'y positionner en tant que sujet libre) ; l'universalité d'un Idéal, exemplifiée par la demande révolutionnaire d'*égaliberté*, qui demeure un excès

1. Se reporter, en priorité, au chapitre « Les universels » de *La Crainte des masses, op. cit.*, pp. 421-454.

inconditionnel mettant en mouvement une insurrection permanente contre l'ordre existant, et qui ne peut donc jamais être « récupéré », intégré dans l'ordre existant. Le problème, naturellement, c'est que la frontière entre ces trois universels n'est jamais stable et déterminée : la notion de liberté et d'égalité peut être utilisée comme l'idée hégémonique qui nous permet de nous identifier à notre rôle social particulier (je suis un pauvre artisan, mais précisément en tant que tel je participe à la vie de mon État-nation comme un citoyen à part entière...), ou comme l'excès irréductible qui déstabilise l'ordre social déterminé. Ce qui, dans l'univers jacobin, constituait l'universalité déstabilisante de l'Idéal mettant en mouvement l'incessant processus de transformation sociale, se transforma plus tard en fiction idéologique autorisant chaque individu à s'identifier à sa place spécifique dans l'espace social. L'alternative est ici la suivante : l'universel est-il « abstrait » (potentiellement opposé à la teneur concrète), ou « concret » (au sens où j'expérimente le mode particulier de vie sociale qui est le mien comme le mode spécifique de ma participation à l'ordre social universel) ? L'hypothèse de Balibar est, bien sûr, que la tension entre les deux est irréductible : l'excès d'universalité abstraite-négative-idéale, sa force perturbante-déstabilisante, ne peut jamais être pleinement intégré au sein du tout harmonieux d'une « universalité concrète ». Quoi qu'il en soit, il existe une autre tension, qui paraît aujourd'hui plus cruciale, celle qui existe entre les deux modes de l'« universalité concrète » même. C'est-à-dire que l'universalité « réelle » de la globalisation actuelle induit, à travers le marché, sa propre fiction hégémonique (ou même idéale) de tolérance multiculturelle, de respect et de protection des droits de l'homme et de la démocratie ; elle induit sa propre « universalité concrète » pseudo-hégélienne d'un ordre mondial où les formes universelles du marché, des droits de l'homme et de la démocratie autorisent chaque « style de vie » spécifique à fleurir dans sa particularité. Une tension émerge alors inévitablement entre cette « universalité concrète » post-État-nation, postmoderne, et l'« universalité concrète » de l'État-nation qui l'avait précédée.

L'histoire de l'émergence de l'État-nation est l'histoire de la « transsubstantiation » (souvent extrêmement violente) de communautés locales et de leurs traditions en la Nation moderne *comme* « communauté inventée » ; ce processus entraînait une répression souvent violente des modes de vie locaux authentiques et/ou leur réinscription au sein d'une nouvelle « tradition inventée » englobante. En d'autres termes, une « tradition nationale » est un écran qui rend invisible NON PAS le processus de modernisation, mais *la véritable tradition ethnique elle-même dans son insupportable factualité.* Lorsque, au début du XXe siècle, Béla Bartók traduisit des centaines de chants folkloriques hongrois, il s'attira l'animosité durable des partisans du renouveau national romantique en réalisant justement, à la lettre, leur programme qui consistait à ressusciter les authentiques racines ethniques... En Slovénie, l'Église catholique et les nationalistes peignent une image idyllique de la campagne du XIXe siècle – peu importe, dans ces conditions, que furent largement ignorés à leur publication, il y a deux ans, les carnets ethnologiques d'un écrivain slovène de cette époque (Janez Trdina), qui, eux, proposent une image de la vie quotidienne de la campagne faite de pédophilie, de viols, d'alcoolisme, de violence brute... Ce qui s'ensuit, c'est le processus « postmoderne » (apparemment) opposé du retour à des modes d'identification plus locaux, subnationaux ; pourtant, ces nouveaux modes d'identification ne sont plus expérimentés comme directement substantiels – ils sont déjà fonction du libre choix du « mode de vie » de chacun. Il n'en est pas moins insuffisant d'opposer l'identification ethnique authentique précédente au choix arbitraire postmoderne de « modes de vie » : cette opposition échoue à reconnaître combien était « artificielle » l'identification nationale « authentique » précédente, un phénomène violemment imposé, basé sur la répression de traditions locales antérieures.

Loin d'être une unité « naturelle » de la vie sociale, une structure équilibrée, une sorte d'*entelechia* aristotélicienne vers laquelle se dirigeait l'ensemble du développement antérieur, la forme universelle de l'État-nation constitue plutôt un équilibre temporaire, précaire, entre la relation à une Chose ethnique particulière et la fonction (potentiellement) universelle du marché. D'un côté, l'État-nation « sublime » les formes organiques locales d'identification en leur imposant une signification « patriotique » universelle ; de l'autre, il se positionne comme une sorte de frontière pseudo-naturelle de l'économie de marché, séparant le commerce « intérieur » du commerce « extérieur » – l'activité économique est ainsi « sublimée », portée au niveau de la

Chose ethnique, légitimée en tant que contribution patriotique à la grandeur des nations. Cet équilibre est constamment menacé des deux côtés, celui des formes « organiques » antérieures de l'identification particulière qui ne disparaissent pas mais continuent leur vie souterraine à l'extérieur de la sphère publique universelle, tout comme celui de la logique immanente au Capital dont la nature « transnationale » est par définition indifférente aux frontières de l'État-nation. Et les nouvelles identifications ethniques « fondamentalistes » d'aujourd'hui induisent une sorte de « désublimation », un processus de désintégration de cette unité précaire de l'« économie nationale » en ses deux parties constituantes, la fonction de marché transnationale et la relation à la Chose ethnique. L'un des événements mineurs, et pourtant révélateurs, qui témoignent de ce « dépérissement » de l'État-nation est la lente propagation de ces institutions obscènes que sont les *prisons privées* aux États-Unis et dans d'autres pays occidentaux : l'exercice de ce qui devrait être le monopole de l'État (violence physique et coercition) devient l'objet d'un contrat entre l'État et une entreprise privée exerçant la coercition sur des individus par recherche du profit – ce à quoi nous avons ici affaire, c'est à la fin du monopole de l'usage légitime de la violence qui (selon Max Weber) définit l'État moderne.

La tolérance répressive du multiculturalisme

Comment, alors, l'univers du Capital se rattache-t-il à la forme de l'État-nation, à notre ère de capitalisme planétaire ? Peut-être désigne-t-on mieux cette relation en parlant d'« autocolonisation » : avec le fonctionnement multinational direct du Capital, nous n'assistons plus à l'opposition habituelle entre des métropoles et des pays colonisés ; une multinationale coupe le cordon ombilical qui la rattachait à sa nation mère et menace son pays d'origine comme n'importe quel autre territoire à coloniser. C'est ce qui perturbe tant les populistes droitiers aux penchants chauvins, de Le Pen à Buchanan : le fait que les nouvelles multinationales aient exactement la même attitude à l'égard de la population française ou américaine locale qu'à l'égard de la population du Mexique, du Brésil ou de Taiwan. N'y a t-il pas une sorte de justice poétique dans ce tournant autoréférentiel du capitalisme global contemporain, qui fonctionne comme une sorte de « négation de la négation », après le capitalisme national et sa phase internationaliste/colonialiste ? Au début (dans l'idéal, bien sûr), existe un capitalisme circonscrit aux limites d'un État-nation, accompagné d'un commerce international (échanges entre États-nations souverains) ; ce qui s'ensuit, c'est la relation de colonisation où le pays colonisateur subordonne et exploite (sur les plans économique, politique, culturel) le pays colonisé ; le terme de ce processus constitue le paradoxe de la colonisation, où n'existent plus que des colonies, et plus de pays colonisateur – le pouvoir colonisateur n'est plus un État-nation mais directement la multinationale. Sur le long terme, nous ne devrions plus seulement tous porter des tee-shirts de républiques bananières, mais également vivre dans des républiques bananières.

Le multiculturalisme, naturellement, est la forme idéale de l'idéologie de ce capitalisme planétaire, l'attitude qui, d'une sorte de position globale vide, traite *chaque* culture locale à la manière du colon traitant une population colonisée – comme des « indigènes » dont les mœurs doivent être précautionneusement étudiées et « respectées ». C'est-à-dire que la relation entre le colonialisme impérialiste traditionnel et l'autocolonisation capitaliste planétaire est exactement la même que celle existant de nos jours entre l'impérialisme culturel occidental et le multiculturalisme : de la même façon que le capitalisme global induit le paradoxe d'une colonisation sans métropole, sans État-nation colonisateur, le multiculturalisme induit une distance eurocentriste paternaliste et/ou un respect pour des cultures locales arrachées à la culture particulière qui était la leur. En d'autres termes, le multiculturalisme est une forme de racisme désavouée, invertie, autoréférentielle, un « racisme avec une distance » – il respecte l'identité de l'Autre, le concevant comme une communauté « authentique » fermée sur elle-même par rapport à laquelle l'adepte du multiculturalisme maintient, lui, une distance que rend possible sa position universelle privilégiée. Le multiculturalisme est un racisme qui vide la position qui est la sienne de toute teneur positive (le défenseur du multiculturalisme n'est pas un raciste franc du collier, il n'oppose pas à l'Autre les valeurs *particulières* de sa propre culture), mais conserve néanmoins cette position comme le *point vide d'universalité* privilégié à partir duquel il est possible d'apprécier (et de déprécier) de manière appropriée d'autres cultures particulières – le respect du multiculturalisme pour la spécificité de l'Autre est la forme même qu'adopte l'affirmation de sa propre supériorité.

Qu'en est-il du contre-argument plutôt évident en vertu duquel la neutralité du défenseur du multiculturalisme est fausse, puisque sa position privilégie silencieusement un substrat eurocentriste ? Cette argumentation est juste, mais pour une mauvaise raison. Le fondement culturel particulier ou les racines qui soutiennent toujours le positionnement universel du multiculturalisme ne sont pas sa « vérité », qui se dissimulerait derrière le masque de l'universalité (« l'universalisme du multiculturalisme est véritablement eurocentriste... »), mais bien plutôt le contraire : le colorant des identités particulières est l'écran fantasmatique qui dissimule le fait que le sujet est déjà totalement « déraciné », que sa véritable position est dénuée d'universalité. Rappelons-nous l'exemple cité par Darian Leader de l'homme qui, entrant dans un restaurant avec sa compagne, au moment de demander au garçon une table, demande « Une chambre pour deux, s'il vous plaît ! », au lieu de « Une table pour deux, s'il vous plaît ! ». Nous ferions mieux de renverser l'explication freudienne classique (« Naturellement, son esprit allait déjà à la nuit de sexe qu'il prévoyait après le dîner ! ») : cette intervention du fantasme sexuel souterrain est plutôt l'écran servant de défense contre le fait de devoir mener une conversation qui le préoccupe en réalité bien plus que le sexe[1]. Le renversement à l'œuvre dans cette anecdote citée par Leader est mis en scène d'une façon exemplaire dans un récent spot publicitaire allemand pour Magnum, une célèbre marque de crèmes glacées. Nous y voyons dans un premier temps un modeste couple d'ouvriers s'embrasser passionnément ; lorsqu'ils se mettent d'accord pour faire l'amour, la fille entraîne le garçon dans un bar proche, en bord de mer, pour acheter un préservatif, afin qu'ils puissent le faire en toute sécurité. Le garçon pénètre dans le corridor où est installé le distributeur de préservatifs, et remarque, à ses côtés, un autre distributeur, vendant cette fois des glaces Magnum ; il fouille dans sa poche et note qu'il n'a qu'un billet de cinq marks, assez pour acheter un préservatif ou un cornet de glace, mais pas assez pour s'offrir les deux. Après un temps d'hésitation désespérée, nous le voyons lécher

1. Voir Darian Leader, *Why Do Women Write More Letters than They Post ?*, Londres, Faber & Faber, 1996, pp. 67-68.

passionnément le cornet, avec comme inscription sur l'écran : « Parfois vous devez aller droit aux priorités ! » D'un intérêt particulier est ici la connotation phallique assez évidente du cornet Magnum, en tant que « gros » pénis : lorsque, dans le dernier plan, le garçon lèche le cornet de glace, son geste rapide et saccadé évoque une intense fellation ; le message incitant à aller droit à ses priorités peut alors être également interprété d'une manière sexuellement explicite : mieux vaut l'expérience quasi homoérotique du sexe oral que l'expérience hétérosexuelle dépourvue d'équivoque...

Dans son analyse de la révolution française de 1848 (*La Lutte des classes en France*), Marx propose un exemple similaire d'une telle double déception : les membres du parti de l'Ordre, qui prit le pouvoir après la révolution, soutenaient en public la République tout en croyant secrètement en la Restauration – ils profitaient de chaque occasion pour se moquer des rituels républicains et montrer de toutes les manières possibles où « se situait leur cœur ». Quoi qu'il en soit, le paradoxe était que la vérité de leur activisme résidait dans le cérémonial dont ils se moquaient et qu'ils méprisaient en privé : cette forme républicaine ne constituait pas une pure apparence sous laquelle se dissimulait le désir royaliste – c'était plutôt leur attachement secret au royalisme qui les autorisait à remplir leur réelle fonction historique, c'est-à-dire faire respecter la loi et l'ordre républicains bourgeois. Marx lui-même raconte comment ces membres du parti de l'Ordre trouvaient un immense plaisir dans leurs « dérapages » royalistes occasionnels contre la République (faisant référence à la

France comme à un royaume dans leurs débats parlementaires, etc.) ; ces derniers articulaient leurs illusions fantasmatiques qui étaient utilisées comme l'écran leur permettant d'éviter de regarder en face la réalité sociale de ce qui était en train de se dérouler *à la surface*.

Et, *mutatis mutandis*, il en va de même pour le capitaliste d'aujourd'hui qui s'accroche encore à n'importe quel héritage culturel spécifique, l'identifiant comme la source secrète de son succès (les cadres dirigeants japonais obéissant aux cérémonies du thé ou au code bushido, etc.), ou inversement du journaliste occidental à la recherche du secret du succès japonais : cette référence précise à une formule culturelle bien précise est un écran à l'anonymat universel du capital. La véritable horreur ne réside pas dans la composante particulière dissimulée derrière l'universalité du Capital global, mais plutôt dans le fait que le Capital est en réalité une machine globale anonyme poursuivant aveuglément sa course, qu'il n'existe en fait aucun Agent secret repérable l'animant. L'horreur n'est pas le fantôme (vivant particulier) dans la machine (morte universelle), mais la machine (morte universelle) au cœur même de chaque fantôme (vivant particulier). La conclusion à en tirer est par conséquent que le problème avec le multiculturalisme qui s'impose aujourd'hui (la coexistence hybride de mondes-vies culturels divers), c'est que son apparition épouse la présence massive du Capitalisme en tant que *système mondial global* : il témoigne de l'homogénéisation sans précédent du monde contemporain. Puisque l'horizon de l'imagination sociale ne nous permet plus d'entretenir l'idée d'une disparition définitive du capitalisme – puisque, comme nous avons déjà pu le dire, tout le monde accepte en silence l'idée que *le capitalisme est ici pour rester* –, tout se passe en réalité comme si l'énergie critique avait trouvé un exutoire de substitution dans la lutte pour des différences culturelles qui laissent intacte l'homogénéité basique du système-monde capitaliste. Le prix payé pour cette dépolitisation de l'économie est d'une certaine manière la dépolitisation de la sphère de la politique elle-même : la lutte politique même se transforme en combat culturel pour la reconnaissance d'identités marginales et la tolérance des différences. Peu importe que la tolérance libérale du multiculturalisme soit prise dans le cercle vicieux consistant à concéder simultanément TROP et TROP PEU à la particularité de la culture de l'Autre.

D'un côté, elle tolère l'Autre tant qu'il n'est pas le VRAI Autre, mais l'Autre aseptisé de la sagesse écologique prémoderne, des rites envoûtants, etc. – dès lors que l'on a affaire au VRAI Autre (disons, à la clitoridectomie, aux femmes condamnées à porter le voile, à la torture entraînant la mort des ennemis...), à la manière dont l'Autre régule la spécificité de sa *jouissance*, la tolérance s'arrête. De manière assez significative, les mêmes adeptes du multiculturalisme qui s'opposent à l'eurocentrisme en tant que norme s'opposent également à la peine de mort, la traitant avec dégoût comme un vestige de coutumes vindicatives barbares primitives – ici, leur véritable eurocentrisme caché apparaît au grand jour (leur argumentation, dans son ensemble, contre la peine de mort est strictement « eurocentriste », impliquant la notion libérale de dignité et de souffrance humaine, et se fondant sur un schéma évolutionniste allant des sociétés violentes primitives aux sociétés tolérantes modernes capables de venir à bout du principe de vengeance).

D'un autre côté, le partisan libéral du multiculturalisme tolérant accepte quelquefois même les violations les plus brutales des droits de l'homme, ou fait au moins preuve d'une certaine répugnance à les condamner, par crainte d'être accusé d'imposer à l'Autre les valeurs qui sont les siennes. En me retournant sur mes années de jeunesse, je me souviens des étudiants maoïstes prêchant et pratiquant la « révolution sexuelle » ; lorsqu'ils se virent rappeler que la Chine de la révolution culturelle maoïste encourageait une attitude extrêmement « répressive » à l'égard de la sexualité, ils répondaient immédiatement que la sexualité jouait un rôle totalement différent dans leur univers, de telle sorte que nous ne devions pas leur imposer les critères de « répressivité » qui étaient les nôtres – leur attitude à l'égard de la sexualité n'apparaissait « répressive » que mesurée à l'aune de nos critères occidentaux... Ne rencontrons-nous pas la même attitude aujourd'hui lorsque les défenseurs du multiculturalisme nous déconseillent d'imposer à l'Autre notre notion eurocentriste de droits humains universels ? En outre, ce type de « fausse » tolérance n'est-il pas souvent évoqué par les porte-parole du Capital multinational lui-même, dans le but de légitimer le fait que « les affaires priment avant tout » ?

Ce qui importe absolument, c'est d'affirmer la complémentarité de ces deux excès, du TROP PEU et du

PAS ASSEZ. Si la première attitude est incapable de percevoir la *jouissance* culturelle spécifique que peut même trouver une « victime » dans une pratique d'une autre culture qui nous semble cruelle et barbare (les victimes de la clitoridectomie l'envisagent souvent comme la façon de regagner leur dignité de femme), la seconde attitude échoue à prendre conscience du fait que l'Autre est intimement déchiré : loin de s'identifier simplement à leurs coutumes, les membres d'une autre culture peuvent prendre de la distance par rapport à elle et se révolter contre elle – dans de tels cas, la référence à la notion « occidentale » de droits humains universels peut justement servir de catalyseur mettant en branle une véritable protestation contre les contraintes de leur propre culture. En d'autres termes, il n'existe pas de juste mesure entre le « trop » et le « pas assez » ; lorsqu'un adepte du multiculturalisme réplique à notre critique par une lamentation désespérée du type « Quoi que je fasse, cela ne va pas – soit je fais preuve de trop de tolérance face à l'injustice dont souffre l'Autre, soit j'impose mes propres valeurs à l'Autre. Que voulez-vous donc que je fasse ? », il faudrait répondre : « Rien ! Tant que vous resterez enferré dans vos présupposés erronés, vous ne pourrez effectivement rien faire ! » Ce que le partisan du multiculturalisme libéral peine à comprendre, c'est que chacune des deux cultures engagées dans la « communication » est prise dans l'antagonisme qui est le sien et qui lui interdit de pleinement « advenir à elle-même » – la seule communication authentique est celle de la « solidarité dans une lutte commune », lorsque je découvre que l'impasse dans laquelle je me suis engagé est également l'impasse où s'est engagé l'Autre.

Cela signifie-t-il que la solution réside dans la reconnaissance du caractère « hybride » de chaque identité ? Il est facile de louer le caractère « hybride » du sujet migrant postmoderne, qui a depuis longtemps coupé ses liens avec des racines ethniques spécifiques, flottant librement entre différents cercles culturels. Deux strates sociopolitiques totalement différentes sont malheureusement condensées ici : l'une, l'élite cosmopolite et la couche supérieure (à dominante universitaire) de la classe moyenne, disposant toujours des visas appropriés leur permettant de franchir les frontières sans aucun problème afin de réaliser leurs affaires (financières, académiques...), et par conséquent capables d'« apprécier la différence » ; l'autre, le pauvre ouvrier (im)migrant chassé de son foyer par la pauvreté ou la violence (ethnique, religieuse), pour qui l'« hybridité » tant célébrée désigne une expérience traumatisante qu'il vit dans sa chair et qui consiste à ne jamais être en situation de normaliser et de légaliser son statut ; le sujet pour lequel des tâches aussi simples que traverser une frontière ou se réunir avec sa famille peuvent s'avérer une expérience particulièrement anxiogène, et demandant un grand effort. Pour ce second sujet, être extirpé de son mode de vie traditionnel constitue un choc traumatique qui déstabilise son existence dans sa totalité – lui dire qu'il devrait jouir de l'hybridité et de l'absence d'identité fixe qui caractérisent sa vie quotidienne, du fait que son existence est migrante, jamais identique-à-elle-même, etc., implique le même cynisme que celui qui est à l'œuvre dans la (version vulgarisée de la) célébration par Deleuze et Guattari du schizo dont l'existence rhizomatique pulvérisée vient mettre en pièces le champ de protection « proto-fasciste » paranoïaque de l'identité stable : ce qui constitue, pour le sujet concerné, une expérience de souffrance et de désespoir extrêmes, le stigmate de l'exclusion, du fait d'être dans l'incapacité de participer aux affaires de la communauté, est – du point de vue du théoricien postmoderne extérieur, parfaitement « normal » et adapté – célébré comme l'affirmation ultime de la machine désirante subversive...

Pour une suspension de gauche de la loi

La posture « tolérante » du multiculturalisme esquive ainsi la question cruciale : *comment réinventer l'espace politique dans le contexte de globalisation qui est aujourd'hui le nôtre ?* La politisation d'une série de luttes particulières laissant intact le processus global du Capital n'est clairement pas suffisante. Ce que cela signifie, c'est qu'il faudrait rejeter l'opposition qui, dans la configuration de la démocratie capitaliste libérale arrivée à son stade ultime, s'impose comme le principal axe de lutte idéologique : la tension entre la tolérance « ouverte », postidéologique, universaliste et libérale, et les « nouveaux fondamentalismes » particularistes. Contre le Centre libéral qui se présente comme neutre, postidéologique, fondé sur la règle de droit, il faudrait réaffirmer l'ancien mot d'ordre de gauche prônant la nécessité de suspendre l'espace neutre de la loi.

Bien sûr, la gauche et la droite induisent toutes deux leur propre mode de suspension de la loi au nom de quelque intérêt plus élevé ou plus fondamental. La suspension de droite, des antidreyfusards à Oliver North, reconnaît sa violation de la lettre de la loi, mais la justifie *via* la référence à certains intérêts nationaux plus élevés : elle présente la violation dont elle se rend coupable comme un sacrifice de soi douloureux fait pour le bien de la Nation. Quant à la suspension de gauche, il suffit de mentionner deux films, *Under Fire* et *The Watch on Rhine*. Le premier se déroule durant la révolution nicaraguayenne, au moment où un photo-reporter américain se retrouve face à un douloureux dilemme : peu de temps avant la victoire de la révolution, les partisans de Somoza abattent un *leader* sandiniste charismatique ; les sandinistes demandent alors au journaliste de faire une photo de leur dirigeant assassiné, le présentant comme étant toujours en vie, démentant de cette façon les affirmations des partisans de Somoza à propos de son décès – en agissant de la sorte, il contribuerait à une victoire rapide de la révolution, et à l'interruption d'un interminable carnage. L'éthique professionnelle, bien sûr, interdit catégoriquement un tel acte, puisqu'il viole l'objectivité impartiale du reportage et fait du journaliste un instrument du combat politique ; le journaliste choisit néanmoins l'option « de gauche » et réalise la photographie... Dans *The Watch on Rhine*, réalisé à partir d'une pièce de Lillian Hellman, ce dilemme est encore plus pénible : à la fin des années 1930, une famille en fuite de réfugiés politiques allemands, impliqués dans la lutte contre le nazisme, vient s'installer chez des parents éloignés, une famille de la classe moyenne vivant dans une petite ville typique de l'Amérique idyllique ; pourtant, très vite, les Allemands se retrouvent face à une menace inattendue se présentant sous la forme d'une connaissance de la famille américaine, un homme d'extrême droite qui les fait chanter et qui, par ses contacts avec l'ambassade d'Allemagne, met en danger les membres du réseau clandestin en Allemagne même. Le père de famille décide de le supprimer, et plonge ainsi la famille américaine dans un dilemme moral délicat : la solidarité moralisante et creuse avec les victimes du nazisme, c'est terminé ; ils doivent désormais, dans les faits, faire leur choix, et se salir les mains en couvrant le meurtre... Là encore, la famille opte pour la solution « de gauche ». « La gauche » se définit par son empressement à suspendre le cadre moral abstrait ou, pour paraphraser Kierkegaard, à opérer une sorte de *suspension politique de l'Éthique*.

L'enseignement à tirer de tout cela, qui connut une actualité brûlante avec la réaction occidentale à la guerre de Bosnie, c'est qu'il n'y a pas moyen d'éviter la partialité, dans la mesure où la posture de la neutralité induit justement de prendre position (dans le cas de la guerre de Bosnie, le discours « équilibré » à propos de la « guerre tribale » ethnique dans les Balkans souscrivait déjà au point de vue serbe) : l'équidistance humanitaire libérale peut facilement dériver vers ou coïncider avec son contraire, et tolérer en fait le « nettoyage ethnique » le plus barbare. En résumé, l'homme de gauche ne viole pas simplement la neutralité impartiale du libéral ; ce qu'il revendique, c'est qu'*une telle neutralité n'existe pas*, c'est-à-dire que l'impartialité du libéral est toujours-déjà partiale. Le cliché véhiculé par le Centre libéral, naturellement, c'est que les deux suspensions, celle de droite comme celle de gauche, reviennent en définitive au même, à une menace totalitaire contre la règle de droit. L'entière logique de la gauche consiste à tenter de prouver que, bien au contraire, chacune des deux suspensions suit une logique différente. Tandis que la droite justifie sa suspension de l'Éthique par sa posture anti-universaliste, c'est-à-dire par le biais d'une référence à son identité (religieuse, patriotique) particulière, rejetant tout critère moral ou légal universel, la gauche justifie précisément sa suspension de l'Éthique par les moyens d'une référence à la vraie Universalité à venir. Or, pour le dire d'une autre façon, la gauche accepte simultanément le caractère antagonique de la société (il n'existe pas de position neutre, la lutte est inévitable) *et* demeure universaliste (prenant la parole au nom de l'émancipation universelle) : dans la perspective de gauche, accepter le caractère radicalement antagonique – c'est-à-dire *politique* – de la vie sociale, accepter la nécessité de « prendre parti », est la seule manière d'être effectivement *universel.*

Comment comprendre ce paradoxe ? Il ne peut être envisagé que *si l'antagonisme est inhérent à l'universalité elle-même*, que si l'universalité elle-même se montre partagée entre la « fausse » universalité concrète qui légitime la division existante de la Totalité en parties fonctionnelles, et la demande impossible/réelle d'universalité « abstraite » (l'*égaliberté* de Balibar). Le geste politique de gauche par excellence (par contraste avec le leitmotiv de droite « à chacun sa place ») est en conséquence de questionner l'ordre universel concret existant au nom de son symptôme, de la part qui, bien qu'inhérente à l'ordre universel existant, n'a pas de « juste place » en son sein (disons les sans-papiers ou les sans-domicile-fixe dans nos sociétés). Cette procédure d'*identification avec le symptôme* est l'exact et nécessaire contraire du mouvement critico-idéologique habituel consistant à reconnaître une teneur particulière derrière une certaine notion universelle abstraite, c'est-à-dire à dénoncer comme fausse l'universalité neutre (« L'"homme" des droits du même nom est en réalité le propriétaire blanc de sexe masculin... ») : on impose pitoyablement (et on s'identifie avec) *le point d'exception/exclusion, l'« abject », inhérent à l'ordre positif concret, comme le seul point de véritable universalité.* Il est aisé de montrer que, disons, la subdivision de la population vivant dans un pays entre citoyens « pleins et entiers » et travailleurs immigrés en situation temporairement régulière privilégie les citoyens « pleins et entiers » et exclue les immigrés de l'espace public au sens strict (de la même façon qu'un homme et une femme ne représentent pas deux espèces d'un type d'humanité universel neutre, puisque la teneur du genre en tant que tel induit un certain mode de « répression » du féminin) ; bien plus fertile, aussi bien sur le plan théorique que sur le plan politique (puisqu'elle ouvre la voie à la subversion « progressiste » de l'hégémonie), est l'opération opposée consistant à *identifier l'universalité avec le point d'exclusion* – dans notre cas, dire « nous sommes tous des travailleurs immigrés ». Dans une société à la structuration hiérarchisée, la mesure de sa véritable universalité réside dans la manière par laquelle sa partie, exclue par et de toutes les autres (en ex-Yougoslavie, par exemple, l'universalité était représentée par les musulmans albanais et bosniaques, méprisés par toutes les autres nations), se rattache aux « supérieures ». La pathétique déclaration de solidarité « Sarajevo est la capitale de l'Europe » exemplifiait également une telle notion d'exception en tant qu'universalité incarnée : la manière dont l'Europe libérale éclairée établissait un rapport avec Sarajevo témoignait de la manière dont elle établissait un rapport avec elle-même, avec la notion universelle qui était la sienne.

Les exemples que nous avons évoqués montrent clairement que l'universalisme de gauche même n'implique aucune sorte de retour à quelque teneur universelle neutre (une notion commune de l'humanité, etc.) ; il fait bien plutôt référence à un universel qui n'en vient à exister (qui n'advient « à lui-même », pour le dire à la Hegel) que dans un élément particulier structurellement déplacé, « déboîté » : dans les limites d'un Tout social donné, il est précisément l'élément qui se voit interdit d'actualiser sa pleine identité particulière représentant sa dimension universelle. Le *demos* grec représentait l'universalité, non pas parce qu'il recouvrait la majorité de la population, ni parce qu'il occupait la position la plus inférieure au sein de la hiérarchie sociale, mais parce qu'*il n'avait* AUCUNE *juste place à l'intérieur de cette hiérarchie*, mais était le siège de déterminations conflictuelles et autodestructrices, ou, pour le dire en termes contemporains, un lieu de contradictions performatives (on s'adressait à eux comme à des égaux – participant à la communauté du *logos* – afin qu'ils soient informés de leur exclusion de cette communauté...). Pour prendre l'exemple classique de Marx, le « prolétariat » représente l'universelle humanité non pas parce qu'il est la classe la plus inférieure, la plus exploitée, mais parce que son existence même est une « contradiction vivante », c'est-à-dire parce qu'elle donne corps au déséquilibre fondamental et à l'incohérence du Tout social capitaliste. Il est désormais permis de comprendre de quelle façon la dimension de l'Universel est exactement opposée au globalisme : la dimension universelle « brille à travers » l'élément symptomatique déplacé relevant du Tout sans en être, à proprement parler, partie intégrante. En raison de cela, la critique possible du fonctionnement idéologique de la notion d'hybridité ne devrait en rien prendre la défense du retour à des identités résistantes – il s'agit précisément d'affirmer *l'hybridité comme le lieu de l'Universel.*

Tant que l'hétérosexualité représente l'Ordre global à l'intérieur duquel chaque sexe est assigné à sa juste place, les revendications *queer*[1] ne constituent pas simplement des demandes visant à ce que leurs pratiques sexuelles et modes de vie soient reconnus dans leur spécificité, aux côtés d'autres pratiques, mais quelque chose qui ébranle l'Ordre global lui-même et sa logique de hiérarchisation et d'exclusion ; précisément en tant que tel, « déplacés » au regard de l'ordre existant, les *queer* représentent la dimension d'Universalité (ou, plutôt,

1. Dans son acception première, ce terme se traduit par « étrange », « bizarre ». Il est aujourd'hui revendiqué par les tenants des politiques de la sexualité « transgenre », « postidentitaire », dont les pratiques et les discours entendent « déconstruire les identités » et mettre en avant « la dimension performative de la production des genres » (*N.d.T.*).

PEUVENT la représenter, dans la mesure où la politisation n'est jamais directement inscrite dans la position sociale objective, mais induit le geste de la subjectivation). Judith Butler développe une puissante argumentation contre l'opposition abstraite et politiquement régressive entre la lutte économique et la lutte *queer* « purement culturelle » pour la reconnaissance : loin d'être « purement culturelle », la forme sociale de reproduction sexuelle serait au cœur même des relations sociales de production, c'est-à-dire que la famille hétérosexuelle nucléaire constituerait une composante clé et une condition des rapports capitalistes de propriété, d'échange, etc. ; pour cette raison, la manière dont la pratique politique *queer* questionne et mine l'hétérosexualité normative constituerait une menace potentielle pour le mode de production capitaliste lui-même[1]... Bien sûr, il faudrait entièrement avaliser la politique *queer* dès lors qu'elle « métaphoriserait » sa lutte spécifique de façon à saper – si ses objectifs étaient atteints – le potentiel même du capitalisme. Pourtant, le problème est que le système capitaliste contemporain, dans le cadre de la transformation continuelle se déroulant au sein même du régime tolérant « postpolitique » du multiculturalisme, est capable de neutraliser les demandes *queer*, c'est-à-dire de les absorber en tant que « mode de vie » spécifique. L'histoire du capitalisme n'est-elle pas la longue histoire de la manière par laquelle la structure idéologico-politique dominante se

1. Voir Judith Butler, « Merely Cultural », *New Left Review* 227 (janvier-février 1998), pp. 33-44.

révéla capable de concilier (et d'atténuer le caractère subversif) des mouvements et des demandes qui paraissaient menacer sa survie même ? Les défenseurs de la liberté sexuelle pensèrent longtemps qu'une répression sexuelle monogamique était nécessaire à la survie du capitalisme – nous savons maintenant que le capitalisme peut non seulement tolérer, mais aussi inciter activement et exploiter des formes de sexualité « perverse », sans mentionner la permissivité et la complaisance pour toute forme de promiscuité. Ne doit-on pas penser que les revendications *queer* connaîtront le même destin ?

Il faudrait, bien sûr, pleinement reconnaître le formidable impact libérateur de la politisation postmoderne de domaines jusqu'alors considérés comme apolitiques (féminisme, politique gay et lesbienne, écologie, questions d'ordre ethnique ou liées à d'autres minorités autoproclamées) : le fait que ces enjeux en sont venus non seulement à être perçus comme intrinsèquement politiques, mais qu'ils ont également donné lieu à de nouvelles formes de subjectivation politique, a entièrement reconfiguré notre paysage politique et culturel dans sa totalité. Le problème n'est donc pas de minimiser cette extraordinaire avancée au profit d'un retour à quelque nouvelle version d'un bien nommé essentialisme économique ; le problème, c'est plutôt que la dépolitisation de l'économie génère la nouvelle droite populiste et son idéologie de la majorité morale, qui constitue aujourd'hui le principal obstacle à la réalisation des demandes mêmes (féministes, écologistes...) sur lesquelles se concentrent les formes postmodernes de subjectivation politique. En résumé, nous plaidons pour un « retour à la primauté de l'économie », non pas au détriment des questions soulevées par les formes post-modernes de politisation, mais précisément dans le but de créer les conditions d'une réalisation plus efficace de ces demandes.

La société du risque et ses ennemis

Les paradoxes de cette logique postpolitique du capitalisme contemporain sont la cible de la théorie récemment popularisée de la « société du risque[1] ». Les exemples paradigmatiques des risques auxquels fait référence cette théorie sont le réchauffement de la planète, le trou d'ozone, la maladie de la vache folle, le danger que représente le recours aux centrales nucléaires comme sources d'énergie, les conséquences imprévisibles de l'application de la génétique à l'agriculture, etc. Tous ces cas constituent ce que l'on appelle habituellement des risques à « faible probabilité/désastreuses conséquences » : personne ne sait combien les risques sont grands, la probabilité de la catastrophe planétaire

1. Se reporter au classique de Ulrich Beck, *La Société du risque : sur la voie d'une autre modernité*, Flammarion-Champs, 2003, et à l'ouvrage de Anthony Giddens, *Les Conséquences de la modernité*, L'Harmattan. Pour une vulgarisation de cette théorie, voir *The Politics of the Risk Society*, éd. par Jane Franklin, Oxford, Polity Press, 1998.

est faible – quoi qu'il en soit, si se produit la catastrophe, elle sera réellement définitive. Les biologistes nous mettent en garde contre le fait que le recours de plus en plus important à la chimie dans notre alimentation et notre médication peut entraîner l'extinction du genre humain, non pas à cause d'une catastrophe écologique directe, mais simplement en nous rendant stériles – cette issue semble improbable, mais paraît néanmoins catastrophique. Le *modus vivendi* crucial, c'est que ces nouvelles menaces constitueraient des « risques inventés » : elles résulteraient de l'économie humaine, des interventions technologiques et scientifiques sur la nature, qui perturbent si radicalement les processus naturels qu'il n'est plus possible d'en éluder la responsabilité en laissant la nature elle-même trouver un moyen de rétablir l'équilibre perdu. Il serait également absurde d'entamer un revirement *New Age* contre la science, dans la mesure où ces menaces sont, pour la plupart, invisibles, indétectables sans les outils de diagnostic offerts par la science. L'ensemble des notions contemporaines de menace écologique, du trou d'ozone aux fertilisants et adjuvants chimiques à l'alimentation, menaçant notre fertilité, sont strictement dépendantes de la recherche scientifique (en général de celle qui est la plus avancée). Bien que les effets du « trou d'ozone » soient observables, leur explication causale par une référence au « trou d'ozone » constitue une hypothèse scientifique : il n'existe pas de « trou d'ozone » observable à l'œil nu au-dessus de nous, dans le ciel. Ces risques sont, de cette façon, générés par une sorte de circuit autoréflexif, c'est-à-dire qu'ils ne sont pas des risques venant de l'extérieur (mettons, une gigantesque comète s'écrasant sur terre), mais l'imprévisible aboutissement de la tentative technologique et scientifique par des individus de contrôler leurs vies et augmenter leur productivité. Peut-être le suprême exemple du renversement dialectique par les moyens duquel une nouvelle recherche scientifique, au lieu de se contenter de magnifier notre domination sur la nature, génère de nouveaux risques et de nouvelles incertitudes, est-il fourni par le projet destiné, dans une ou deux décennies, à rendre la génétique capable, non seulement d'identifier l'héritage génétique complet d'un individu, mais même de manipuler grâce à la technologie les gènes d'un individu afin de parvenir aux résultats et changements désirés (d'éradiquer tout terrain propice à un cancer, etc.). Quoi qu'il en soit, loin de provoquer des résultats entièrement prévisibles et certains, cette autoobjectivisation particulièrement radicale (la situation où, abrité derrière la formule génétique, je serai en mesure de me confronter à ce que je « suis objectivement ») entraînera des incertitudes bien plus radicales quant à ce que seront les effets psychosociaux réels d'une telle connaissance et de ses applications (Qu'en ira-t-il des notions de liberté et de responsabilité ? Quelles seront les conséquences imprévisibles de la manipulation des gènes ?).

Cette conjonction de faible probabilité et d'extrême gravité des conséquences rend virtuellement impossible la stratégie aristotélicienne classique d'évitement des extrêmes : tout se passe comme s'il était impossible aujourd'hui de camper sur une position rationnelle modérée, à mi-chemin entre l'alarmisme (les écologistes annonçant une catastrophe universelle imminente) et la dissimulation de la vérité (la sous-estimation des dangers). La stratégie de la sous-estimation peut toujours attirer l'attention sur le fait que l'alarmisme peut au mieux aboutir à certaines conclusions seulement fondées en partie sur des observations scientifiques, tandis que la stratégie alarmiste, bien sûr, est pleinement justifiée à rétorquer que, une fois qu'il sera possible de prédire la catastrophe avec une totale certitude, il sera, par définition, déjà trop tard. Le problème, c'est qu'il n'y a pas de procédé scientifique objectif, ou d'autre moyen, d'acquérir la certitude de l'existence de dangers, et de leur aggravation : il ne s'agit pas simplement d'une question de multinationales expertes ès exploitation, ou d'agences gouvernementales spécialisées dans la sous-estimation des dangers – il n'existe en fait aucun moyen d'établir avec certitude l'aggravation du risque ; les scientifiques et les spécialistes de la prévision sont eux-mêmes incapables de fournir la réponse définitive ; nous sommes quotidiennement bombardés de nouvelles découvertes qui viennent bouleverser nos opinions communes antérieures. Et si l'on découvrait que la graisse permet en fait de prévenir le cancer ? Et si le réchauffement de la planète s'avérait en réalité le résultat d'un cycle naturel, et qu'il était nécessaire de déverser dans l'atmosphère encore plus de dioxyde de carbone ? Il n'existe *a priori* aucune juste mesure entre l'« excès » d'alarmisme panique et la tendance, pétrie d'irrésolution, à remettre les choses à plus tard du « Ne nous affolez pas ; nous attendons encore certains résultats ». Pour prendre l'exemple du réchauffement de la planète, la logique du « Laissez nous éviter les extrêmes, l'émission toujours plus inconséquente de dioxyde de carbone, comme la fermeture immédiate de centaines d'usines, et donnez-nous le temps d'agir » est clairement inepte. Et cette impénétrabilité, à nouveau, n'est pas simplement affaire de « complexité », mais de réflexivité : l'opacité et l'impénétrabilité nouvelles (l'incertitude radicale quant aux conséquences ultimes de nos actes) ne sont pas dues au fait que nous serions des marionnettes aux mains de quelque Pouvoir planétaire transcendant (le Destin, la Nécessité historique, le Marché) ; bien au contraire, elles s'expliquent par le fait que « personne n'est aux manettes », qu'« UN TEL POUVOIR N'EXISTE PAS », aucun « Autre de l'Autre » tirant les ficelles. L'opacité se fonde sur le fait même que la société contemporaine est entièrement « réflexive », qu'il n'existe aucune Nature ou Tradition pour fournir le socle solide sur lequel pouvoir s'appuyer, que même nos aspirations les plus intimes (orientation sexuelle, etc.) sont de plus en plus vécues comme des choix à opérer. Comment nourrir et éduquer un enfant, comment procéder en matière de séduction sexuelle, comment et que manger, comment se reposer et se divertir, toutes ces sphères sont de plus en plus « colonisées » par la réflexivité, expérimentées comme des questions à appréhender et au sujet desquelles doivent être prises des décisions.

L'impasse ultime de la société du risque réside dans le fossé creusé entre la connaissance et la décision, entre l'enchaînement des raisons et l'acte venant résoudre le dilemme (en termes lacaniens : entre S2 et S1) : personne ne peut « réellement connaître » l'issue finale – au niveau de la connaissance positive, la situation est radicalement « indécidable » –, mais nous AVONS À DÉCIDER néanmoins. Naturellement, ce fossé fut toujours présent : lorsqu'une prise de décision se fonde sur un enchaînement de raisons, elle « colore » toujours rétroactivement ces dernières de telle manière qu'elles l'avalisent – il suffit de se souvenir du croyant bien conscient du fait que les raisons de sa croyance ne sont compréhensibles qu'à ceux qui ont déjà décidé de croire... Ce à quoi nous assistons dans la société du risque contemporaine, c'est, pourtant, à quelque chose de bien plus radical : à l'opposé du choix forcé habituel dont parle Lacan, c'est-à-dire d'une situation où je suis libre de choisir à condition d'effectuer le bon choix, de telle sorte que la seule chose qui m'est laissée à faire est d'accomplir le geste vide consistant à prétendre accomplir librement ce qui m'est imposé dans tous les cas. Dans la société du risque contemporaine, nous avons affaire à quelque chose d'entièrement différent : le choix est effectivement « libre » et, pour cette raison précise, est vécu comme encore plus frustrant – nous nous retrouvons en permanence en situation d'avoir à prendre des décisions à propos de problèmes qui affecteront fatalement nos vies, sans pour autant avoir la connaissance nécessaire. Ce qu'Ulrich Beck appelle les « secondes Lumières » constitue de cette façon, au regard de cette question cruciale, le renversement exact de l'aspiration des « premières Lumières » à créer une société où les décisions fondamentales perdraient leur caractère « irrationnel » et s'appuieraient entièrement sur de justes raisons (par une appréciation correcte de l'état des choses) : les « secondes Lumières » imposent à chacun de nous la fastidieuse obligation de prendre des décisions cruciales qui pourraient affecter notre propre survie sans pouvoir les fonder d'une manière appropriée sur la connaissance – les commissions gouvernementales d'experts et les comités d'éthique, etc., existent tous pour concilier ouverture radicale et incertitude radicale. Loin d'être vécue comme libératoire, cette tendance à prendre des décisions dans la précipitation est, une nouvelle fois, vécue comme un risque obscène et anxiogène, une sorte de renversement ironique de la prédestination : je suis tenu pour responsable de décisions que j'ai été forcé à prendre sans une connaissance appropriée de la situation. La liberté de décision dont jouit le sujet de la « société du risque » n'est pas la liberté de quelqu'un qui peut choisir sa destinée, mais la liberté anxiogène de quelqu'un qui est constamment contraint à prendre des décisions sans avoir connaissance de leurs conséquences. Il n'existe aucune garantie que la politisation démocratique de décisions cruciales, la participation active de milliers d'individus concernés améliorent nécessairement la qualité et la pertinence des décisions et diminuent en conséquence, de manière efficace, les risques – il est ici tentant d'évoquer la réponse d'un catholique pratiquant à la critique d'un libéral athée pour qui les catholiques étaient stupides à un tel point qu'ils croyaient à l'infaillibilité du pape : « Nous, les catholiques, nous croyons au moins à l'infaillibilité d'UNE et seulement d'une seule personne ; la démocratie n'est-elle pas fondée sur l'idée bien plus dangereuse de l'infaillibilité de la majorité de la population, c'est-à-dire de l'infaillibilité de millions de gens ? » Le sujet se retrouve en conséquence pris dans une situation kafkaïenne où il se voit coupable de ne pas même savoir les raisons pour lesquelles il l'est : la perspective de voir les décisions que j'ai déjà prises me faire courir un danger, à moi et aux miens, et de n'apprendre la vérité les concernant que lorsqu'il sera déjà trop tard, ne cesse de me hanter. Rappelons-nous ici le personnage de Forrest Gump, ce parfait « médiateur évanouissant », l'exact opposé du Maître (celui qui enregistre symboliquement un événement en le nommant, en l'inscrivant dans le grand Autre) : Gump est présenté comme le spectateur innocent qui, en ne faisant que ce qu'il fait, met sans le savoir en branle un glissement à dimension historique. Lorsqu'il visite Berlin pour jouer au football et envoie par inadvertance le ballon de l'autre côté du mur, il déclenche le processus qui fera tomber ce dernier ; lorsqu'il visite Washington et se voit donner une chambre dans le complexe du Watergate, il note au milieu de la nuit certaines choses étranges se produisant dans les chambres de l'autre côté de la cour, appelle le vigile et déclenche les événements qui culmineront avec la destitution de Nixon – ne s'agit-il pas de l'ultime métaphore de la situation à laquelle aspirent les adeptes de la notion de « société du risque », une situation où nous sommes obligés de réaliser des actes dont les effets ultimes excèdent notre entendement ?

Bien que la dissolution de l'ensemble des attachements traditionnels soit le motif classique de la modernisation capitaliste du XIXe siècle, décrit à maintes reprises par Marx (le credo du « tout ce qui est solide se volatilise »), l'axe majeur de l'analyse de ce dernier est que cette dissolution inouïe de la totalité des formes traditionnelles, loin d'engendrer une société où les individus mèneraient collectivement et librement leur vie, engendre sa propre forme de destinée anonyme sous le masque des relations de marché. Le marché induit une dimension de risque fondamentale : il constitue un mécanisme impénétrable qui peut, d'une manière totalement imprévisible, ruiner les efforts d'un honnête travailleur et faire d'un spéculateur véreux un homme riche – personne ne sait quelle sera l'issue finale d'une spéculation. Quoi qu'il en soit, bien que nos actes puissent avoir des conséquences imprévisibles et inattendues, l'idée persiste encore de leur coordination par la « main invisible du marché », les prémisses de base de l'idéologie du libre marché : chacun de nous poursuit ses intérêts particuliers, et le résultat ultime de la confrontation et de l'interaction de cette multiplicité d'initiatives individuelles et de desseins opposés est un équilibre social global. Dans cette notion de « ruse de la Raison », le grand Autre survit comme la Substance sociale à laquelle nous participons tous par nos actes, comme l'agence spectrale mystérieuse qui rétablit d'une manière ou d'une autre l'équilibre. L'idée marxiste fondamentale, naturellement, est que cette figure du grand Autre, de la Substance sociale aliénée, c'est-à-dire le marché anonyme comme forme moderne du destin, peut être remplacée et la vie sociale placée sous le contrôle de l'« intelligence collective » de l'humanité. De cette façon, Marx restait à l'intérieur des limites de la « première modernisation », qui aspirait à l'établissement d'une société transparente à elle-même et régulée par l'« intelligence collective » ; peu importe que ce projet trouvât sa réalisation pervertie dans le socialisme réellement existant qui – en dépit de l'extrême incertitude de chaque destin individuel, au moins à l'époque des purges politiques paranoïaques – constitua peut-être la tentative la plus radicale de suspendre l'incertitude inhérente à la modernisation capitaliste. L'attraction (modeste) exercée par le socialisme réel est idéalement résumée par le slogan électoral du parti socialiste de Slobodan Milošević utilisé lors des premières élections « libres » en Serbie : « Avec nous, pas d'incertitude ! » Malgré la pauvreté et la morosité de la vie quotidienne, il n'y avait pas besoin de s'inquiéter du futur ; la médiocre existence de chacun était garantie ; le parti prenait tout en charge, c'est-à-dire prenait toutes les décisions. En dépit de leur mépris pour le régime, les gens « lui » faisaient néanmoins confiance à demi consciemment, se reposaient sur « lui », croyaient que quelqu'un tenait encore les rênes et se préoccupait de tout. Il y avait en réalité une sorte de libération perverse dans cette possibilité de remettre le fardeau de la responsabilité sur les épaules de l'Autre : la réalité n'était pas réellement « nôtre » (celle des gens ordinaires) ; elle LEUR appartenait (le parti et sa *nomenklatura*) ; sa grisaille témoignait de LEUR règne oppressant et, paradoxalement, cela rendait plus facile d'endurer la vie ;

des plaisanteries pouvaient être dites sur les problèmes de la vie quotidienne, sur le manque d'objets ordinaires comme la soupe ou le papier toilette – bien que nous souffrions des conséquences matérielles de ces difficultés, les blagues LEUR étaient destinées ; nous les LEUR adressions de notre position, extérieure, libérée. Maintenant qu'ILS ne sont plus au pouvoir, nous nous voyons soudainement, brutalement, obligés d'assumer cette sinistre monotonie : il ne s'agit plus d'EUX, mais de nous... Ce qui apparaît aujourd'hui, avec la société du risque « postmoderne », c'est qu'il n'y a plus de « main invisible » dont le mécanisme, si aveugle soit-il, rétablirait d'une manière ou d'une autre l'équilibre, pas d'Autre Scène où soit précautionneusement tenue la comptabilité, pas d'Autre Place fictionnelle où, de la perspective du Jugement dernier, seraient justement examinés et jugés nos actes. Non seulement nous ne savons pas à quoi se résumeront en réalité nos actes, mais il n'existe même pas de mécanisme global régulant nos interactions – la non-existence proprement postmoderne du grand Autre signifie CELA. Foucault parlait des « stratégies sans sujet » utilisées par le Pouvoir dans sa reproduction – nous assistons pratiquement ici à l'exact opposé : des sujets prisonniers des conséquences imprévisibles de leurs actes, mais une absence de stratégie globale dominant et réglant leur interaction. Les individus encore pris dans le paradigme moderniste traditionnel recherchent désespérément une autre agence, qui pourrait légitimement être élevée à la position du Sujet Supposé Savoir et qui, d'une certaine manière, garantirait leur choix : des comités d'éthique, la communauté scientifique elle-même, l'autorité gouvernementale, jusqu'au grand Autre paranoïaque, le Maître invisible secret des théories de la conspiration.

Qu'est-ce qui ne va donc pas, dans ces conditions, avec la théorie de la société du risque ? Ne souscrit-elle pas pleinement à l'inexistence du grand Autre, et n'en tire-t-elle pas des conséquences éthico-politiques ? Le problème, c'est que, d'une manière paradoxale, cette théorie est simultanément trop spécifique et trop générale : en mettant l'accent comme elle le fait sur la manière dont la « seconde modernisation » nous force à transformer les anciennes notions d'agence humaine, d'organisation sociale, etc., jusqu'aux manières les plus intimes de nous rattacher à nos identités sexuelles, la théorie de la société du risque sous-estime néanmoins l'impact de la nouvelle logique sociétale émergeante relative au statut particulièrement fondamental de la subjectivité ; par ailleurs, en envisageant le risque et l'incertitude fabriqués comme une forme universelle de la vie contemporaine, cette théorie obscurcit les racines socioéconomiques concrètes de ces risques. Et je soutiens que la psychanalyse et le marxisme, méprisés par les théoriciens de la société du risque en tant qu'expressions dépassées de la première vague de modernisation (le combat de l'agence rationnelle destiné à porter à la lumière l'impénétrable Inconscient ; l'idée d'une société transparente à elle-même contrôlée par l'« intelligence collective »), peuvent contribuer à une clarification critique de ces deux points.

Malaise dans la société du risque

La psychanalyse n'est pas une théorie qui déplore la désintégration des modes de stabilité et de sagesse traditionnels, voyant en elle l'origine des névroses modernes, et nous appelant à découvrir nos racines dans une sagesse archaïque ou dans une connaissance de soi approfondie (la version jungienne), pas plus qu'elle n'est simplement une autre version de la connaissance moderne réflexive nous enseignant comment pénétrer et contrôler les secrets les plus intimes de notre vie psychique – ce sur quoi se concentre la psychanalyse, ce qui est son objet de prédilection, ce sont bien plutôt les conséquences inattendues de la désintégration des structures traditionnelles régulant la vie libidinale. Pour quelles raisons le déclin de l'autorité paternelle et des rôles sociaux et sexuels stables génère-t-il de nouvelles angoisses, au lieu de susciter un Meilleur des Mondes (*Brave New World*) où les individus engagés dans un « souci de soi » créatif bénéficieraient d'un processus permanent de modification et de réorganisation de leurs multiples identités fluides ? Le problème avec les théoriciens de la société du risque, c'est qu'ils sous-estiment le caractère radical de ce changement : l'accent qu'ils portent sur la façon dont est universalisée, dans la société du risque contemporaine, la réflexivité, de telle sorte que la Nature et la Tradition n'existent plus, l'ensemble de leur discours sur les « secondes Lumières » abolissant les naïves incertitudes de la première vague de la modernisation, laissent intact le mode fondamental de subjectivité du sujet : leur sujet reste le sujet moderne, capable de raisonner et de réfléchir librement, de décider et sélectionner sa propre série de normes, etc. Leur erreur est la même que celle commise par les féministes qui veulent abolir le complexe d'Œdipe, etc., et n'en comptent pas moins sur la forme de base de la subjectivité générée par le complexe d'Œdipe (le sujet libre de raisonner et décider, etc.) dans le but de laisser le sujet indemne.

Peut-être l'ultime exemple de la réflexivité universalisée de nos vies (et par conséquent du retrait du grand Autre, de la perte de l'efficience symbolique) est-il un phénomène connu aujourd'hui de la majorité des psychanalystes : l'inefficacité grandissante de l'*interprétation* psychanalytique. La psychanalyse traditionnelle s'appuyait encore sur une notion substantielle de l'Inconscient envisagé comme le « continent noir » non réfléchi, l'impénétrable Substance « décentrée » de l'être du sujet, qui devait être péniblement pénétrée, méditée, médiatisée par l'interprétation. Aujourd'hui, pourtant, les formations de l'Inconscient (des rêves aux symptômes hystériques) ont définitivement perdu leur innocence :

les « associations libres » d'un analysant cultivé typique consistent pour leur majeure partie en tentatives de fournir une explication psychanalytique des troubles dont il souffre, de telle sorte qu'il est plutôt justifié de dire que nous ne disposons plus simplement d'interprétations jungiennes, kleiniennes, lacaniennes... des symptômes, mais de symptômes qui, eux-mêmes, sont jungiens, kleiniens, lacaniens..., c'est-à-dire de symptômes dont la réalité induit une référence implicite à certaine théorie psychanalytique. Le malheureux résultat de cette réflexivisation globale de l'interprétation (tout devient interprétation, l'Inconscient s'interprète lui-même...) est naturellement que l'interprétation de l'analyste perd son « efficience symbolique » performative et laisse le symptôme intact à sa *jouissance* idiote. En d'autres termes, ce qui survient dans le traitement psychanalytique est similaire au paradoxe, évoqué précédemment, propre au skinhead néo-nazi qui, véritablement mis en demeure de donner des explications à sa violence, se met soudainement à dégoiser comme des travailleurs sociaux, des sociologues et autres psychologues sociaux, citant un ascenseur social en panne, une insécurité grandissante, l'effondrement de l'autorité paternelle, le manque d'amour maternel dans sa petite enfance – quand le grand Autre *en tant que* substance de notre être social se désintègre, l'unité de méthode et la réflexion qui lui est inhérente se désintègrent en une violence brute et son interprétation impuissante, inefficace. Cette impuissance de l'interprétation constitue également l'inévitable envers de la réflexivité universalisée saluée par les théoriciens de la société du risque : tout se passe comme si notre pouvoir réflexif ne pouvait s'épanouir qu'en tirant sa force de et en s'appuyant sur quelque support substantiel « pré-réflexif » minimal, éludant sa compréhension, de telle sorte que son universalisation est payée de son inefficacité, c'est-à-dire de la ré-émergence paradoxale du Réel brut de la violence « irrationnelle », imperméable et insensible à l'interprétation réflexive.

L'impuissance de la théorie de la société du risque à prendre en compte l'ensemble des conséquences de la réflexivisation globale est clairement discernable dans la manière dont elle traite de la famille. Cette théorie met à juste titre l'accent sur la manière dont la relation des parents aux enfants, dans la famille traditionnelle, constituait le dernier domaine de l'esclavage légal dans nos sociétés occidentales : une grande partie de la société – les mineurs – se voyait dénier une pleine responsabilité et une pleine autonomie, et restait prisonnière d'un statut d'esclave par rapport à leurs parents (qui contrôlaient leur vie et étaient responsables de leurs actes). Avec la modernisation réflexive, les enfants eux-mêmes sont traités comme des sujets responsables bénéficiant de la liberté de choix (dans les procédures de divorce, ils sont autorisés à influer sur la décision relative à la garde parentale ; ils ont la possibilité d'engager une procédure judiciaire contre leurs parents s'ils ont le sentiment que leurs droits humains ont été violés, etc.) – en résumé, la paternité n'est plus une notion naturelle-substantielle, mais devient, d'une certaine manière, politisée ; elle se transforme en un autre domaine de choix réflexif. Pourtant, la *« familialisation » de la vie publique professionnelle* même n'est-elle pas la contrepartie de cette réfléxivisation des relations familiales, avec laquelle la famille perd son caractère d'entité immédiate-substantielle et ses membres leur statut de sujets autonomes ? Des institutions qui étaient censées fonctionner comme un antidote à la famille commencent à fonctionner comme des familles de substitution, nous autorisant d'une manière ou d'une autre à prolonger notre dépendance à la famille et notre immaturité : l'école, l'université même, assument de plus en plus des fonctions thérapeutiques, les entreprises fournissent un nouveau foyer familial, etc. La situation classique dans laquelle, après la période d'éducation et de dépendance, je suis autorisé à entrer dans l'univers adulte de la maturité et de la responsabilité, est de cette façon doublement renversée : je suis, enfant, déjà reconnu comme un être responsable et mûr, et simultanément je vois mon enfance indéfiniment prolongée, c'est-à-dire que je ne suis jamais appelé à réellement « grandir », puisque les institutions qui succèdent à la famille fonctionnent comme des *ersatz* de familles, fournissant un environnement propice à mes entreprises narcissiques... Afin de saisir toutes les conséquences de cette mutation, il faudrait revenir au triangle élaboré par Hegel, constitué par la famille, la société civile (la libre interaction des individus jouissant de leur liberté réflexive) et l'État : la construction de Hegel est fondée sur la distinction entre la sphère privée de la famille et la sphère publique de la société civile, une distinction aujourd'hui en voie de disparition, dans la mesure où la vie familiale en vient à se politiser elle-même, se transformer en une partie du domaine public, et où, d'un autre côté, la vie publique professionnelle se « familialise », c'est-à-dire dans la mesure où les sujets y participent en tant que membres d'une grande famille, et non en tant qu'individus « mûrs » et responsables. Le problème n'est donc pas ici l'autorité patriarcale et la lutte pour s'en émanciper, comme persistent à le revendiquer la plupart des féministes ; le problème, ce sont bien plutôt les nouvelles formes de dépendance qui découlent du déclin de l'autorité patriarcale symbolique. Dans les années 1930, déjà, Max Horkheimer, dans son analyse de l'autorité et de la famille, attirait l'attention sur les conséquences ambiguës de la désintégration progressive de l'autorité paternelle dans la société capitaliste moderne : loin d'être simplement la cellule élémentaire et le générateur des personnalités autoritaires, la famille nucléaire moderne était simultanément la structure qui générait le sujet critique « autonome » capable de mettre en confrontation l'ordre social dominant et ses convictions éthiques, de telle façon que le résultat immédiat de la désintégration de l'autorité paternelle est également l'émergence de ce que les sociologues appellent la personnalité conformiste « guidée par autrui [1] ». Aujourd'hui, avec le glissement vers la personnalité narcissique, ce processus s'accentue plus encore et est entré dans une nouvelle phase.

Lorsque le système patriarcal est sapé de manière définitive, de telle sorte que le sujet se vit lui-même comme libéré de toutes les contraintes traditionnelles,

1. Voir Max Horkheimer, « Authority and the Family », dans *Critical Theory*, New York, Continuum, 1995.

manquant d'un Interdit symbolique intériorisé, déterminé à faire ses propres expériences et à poursuivre son projet de vie personnel, etc., nous devons alors nous poser la question capitale des « attachements passionnés » désavoués qui soutiennent la nouvelle liberté réflexive du sujet délivré des contraintes de la Nature et/ou de la Tradition : la désintégration de l'autorité symbolique publique (« patriarcale ») est payée (ou contrebalancée) par un « attachement passionné » à la sujétion, lien désavoué encore plus fort, comme semble l'indiquer, entre autres phénomènes, la multiplication de couples lesbiens sado-masochistes où la relation entre les deux femmes obéit à la stricte, et très codifiée, configuration Maître/Esclave : celle qui donne les ordres est la « supérieure », celle qui obéit « l'inférieure » qui, afin de s'attacher l'affection de la « supérieure », se doit de venir à bout du difficile processus de l'apprentissage. S'il est faux de lire cette dualité « supérieure/inférieure » comme un signe d'« identification avec l'agresseur (mâle) » directe, il n'en est pas moins erroné de la percevoir comme une imitation parodique des relations patriarcales de domination ; nous avons plutôt affaire au véritable paradoxe de la forme de coexistence librement consentie Maître/Esclave qui fournit une profonde satisfaction libidinale dans la mesure où, précisément, elle délivre les sujets de la pression d'une liberté excessive et du manque d'identité déterminée. La situation classique est de cette façon renversée : en lieu et place de la subversion carnavalesque ironique de la relation Maître/Esclave prédominante, nous avons affaire à des relations sociales entre individus libres et égaux, où l'« attachement passionné » à une certaine forme extrême de domination et de soumission strictement organisée devient l'origine secrète d'une satisfaction libidinale, le supplément obscène à la sphère publique faite de liberté et d'égalité. En résumé, la relation Maître/Esclave rigidement codifiée se présente comme la forme même de « transgression intrinsèque » à des sujets vivant dans une société où la totalité des formes de vie est expérimentée comme une question de libre choix d'un mode de vie.

Quant aux relations socioéconomiques de domination qui accompagnent la constellation « postmoderne », l'image publique de Bill Gates mérite que l'on s'y attarde[1] ; ce qui importe n'est pas l'exactitude factuelle (Gates est-il vraiment ainsi ?), mais le fait même qu'un certain personnage se met à fonctionner telle une icône, comblant quelque fantasmatique vide – si l'image publique ne correspond pas au « vrai » Gates, elle est avant tout révélatrice de la structure fantasmatique sous-jacente. Gates n'est plus seulement le Père-Maître patriarcal ; il n'est pas plus le *Big Brother* édifiant un monstrueux empire bureaucratique, logeant dans son inaccessible dernier étage, protégé par une armée de secrétaires et d'assistants. Il est plutôt une sorte de *Small Brother* : sa médiocrité même milite pour indiquer tout le contraire, une monstruosité si fantastique qu'elle ne peut plus revêtir sa forme publique habituelle. Ce que

1. Voir Renata Salecl, *(Per)Versions of Love and Hate*, Londres, Verso, 1998.

nous rencontrons ici de la plus violente des manières, c'est l'impasse du Double qui nous ramène à nous-même *et* qui, simultanément, constitue le signe avant-coureur d'une étrange et très monstrueuse dimension – la manière dont les titres de journaux, les caricatures et les photomontages présentent Gates est très significative de cela : comme un type ordinaire, dont le sourire sournois ne témoigne pas moins d'une dimension sous-jacente entièrement différente, une dimension monstrueuse excédant toute représentation et menaçant de faire voler en éclats son apparence de type ordinaire. Dans les années 1960 et 1970, on pouvait acheter des cartes postales érotiques montrant une fille en bikini ou en blouse ; lorsqu'on tripotait un peu la carte postale, ou si on la regardait sous un angle légèrement différent, le vêtement disparaissait comme par magie et il était possible de voir la fille intégralement nue – n'en irait-il pas de même avec l'image de Bill Gates, dont le visage bienveillant, dès lors qu'il est observé sous un angle légèrement différent, acquiert comme par magie une sinistre et menaçante dimension ?

C'est l'aspect décisif de l'icône Bill Gates qu'il soit perçu comme l'ancien *hacker* qui a réussi – il faudrait conférer au terme de *hacker* la connotation subversive/marginale/anti-élite propre à ceux qui entendent perturber le fonctionnement lisse des grands empires bureaucratiques. Au niveau fantasmatique, l'idée sous-jacente ici présente est que Gates est un voyou marginal et subversif qui s'est emparé du pouvoir et a revêtu l'habit d'un respectable chef d'entreprise... En Bill

Gates, le *Small Brother*, le brave type quelconque, rejoint et contient la figure du Génie du Mal qui aspire au contrôle entier de nos vies. Dans les vieux James Bond, ce Génie du Mal était encore une figure excentrique, habillée avec extravagance, ou portant un uniforme gris maoïste proto-communiste – dans le cas de Gates, cette mascarade ridicule n'est plus nécessaire ; le Génie du Mal adopte le visage du voisin de palier. En d'autres termes, ce que nous rencontrons avec l'icône Bill Gates, c'est une sorte de retournement du motif du héros doté de pouvoirs surnaturels mais qui, dans sa vie quotidienne, est un type banal, maladroit, gauche (Superman qui, dans son existence de tous les jours, est un journaliste binoclard et empoté) : l'icône prend ici le visage du jeune homme quelconque, et non du superhéros. Il ne faut par conséquent pas mettre sur le même plan le quelconque de Bill Gates et les formes humaines prétendument ordinaires du maître patriarcal traditionnel. Le fait que ce maître traditionnel ne parvînt jamais à finir en beauté, le fait qu'il fût toujours imparfait, marqué par quelque échec ou faiblesse, affaiblissait moins son autorité symbolique qu'elle ne lui servait de support, rendant palpable le gouffre constitutif entre la fonction purement formelle de l'autorité symbolique et l'individu empirique la détenant. Par contraste avec ce gouffre, le quelconque de Bill Gates indique une notion différente de l'autorité, celle du surmoi obscène opérant dans le Réel.

Il existe un vieux conte européen où des nains précautionneux (généralement sous la coupe d'un magicien malveillant) sortent durant la nuit de leur cachette, pendant que la population dort, pour accomplir leur œuvre (remettre la maison en ordre, préparer les plats...), de telle sorte qu'au petit matin les gens réveillés trouvent les tâches qui les attendaient accomplies comme par magie. Ce motif se retrouve de *L'Or du Rhin* (*Das Rheingold*) de Richard Wagner (les Nibelungs qui travaillent dans leurs caves souterraines, sous les ordres de leur cruel maître, le nain Alberich) à *Metropolis* de Fritz Lang, où les ouvriers asservis de l'industrie vivent et travaillent dans les profondeurs de la terre pour produire la richesse des dirigeants capitalistes. Ce dispositif où des esclaves « sous terre » sont dirigés par un Maître malveillant et manipulateur nous ramène à l'ancienne dualité des deux modes du Maître, le Maître symbolique public et le Magicien malveillant secret qui tire en réalité les ficelles et fait son travail la nuit. Lorsque le sujet est investi d'une autorité symbolique, il agit au titre d'appendice de son titre symbolique ; ce dernier est le grand Autre, l'institution symbolique, qui agit à travers lui : il suffit ici de se souvenir d'un juge qui peut très bien être un individu misérable et corrompu, mais qui, au moment où il revêt sa robe et autres insignes, voit les mots dont il use devenir les mots de la Loi elle-même. Par contraste, le Maître « invisible » (dont le cas exemplaire est la figure chère à l'antisémite du « Juif » qui, dans l'ombre, tire les ficelles de la vie sociale) est une sorte de double mystérieux de l'autorité publique : il se doit d'agir dans l'ombre, irradiant une atmosphère fantomatique, une omnipotence spectrale [1]. Voilà, alors, la conclusion à tirer de l'icône Bill Gates : la désintégration de l'autorité symbolique patriarcale, du Nom du Père, donne naissance à une nouvelle figure du Maître qui est, simultanément, notre pair à tous, notre semblable, notre double imaginaire, et qui, *pour cette raison précise*, s'avère fantasmatiquement doté d'une autre dimension, celle du Génie du Mal. En termes lacaniens : la suspension de l'ego idéal, de la figure de l'identification symbolique, c'est-à-dire la réduction du Maître à un idéal imaginaire, donne inévitablement lieu à son envers monstrueux, à la figure surmoïque du génie du mal omnipotent contrôlant nos vies. Dans cette figure, l'imaginaire (l'apparence) et le réel (de la paranoïa) se recoupent, en raison de la suspension de l'efficacité symbolique même.

L'effondrement de l'autorité symbolique paternelle a par conséquent deux facettes. D'un côté, les normes prohibitives *symboliques* sont de plus en plus remplacées par des idéaux *imaginaires* (de réussite sociale, de beauté corporelle...) ; d'un autre côté, le manque de prohibition symbolique est augmenté de la ré-émergence de féroces figures du surmoi. Nous avons alors affaire à un sujet extrêmement narcissique, c'est-à-dire percevant toute chose comme une menace potentielle pour son précaire équilibre imaginaire (l'universalisation de la logique de la victimisation est éclairante : tout contact

---

1. Voir Slavoj Zizek, « I Hear You with My Eyes », ou « The Indivisible Master », dans *Gaze and Voice as Love Objects*, Durham, Duke UP, 1996.

avec un autre être humain est vécu comme une menace potentielle – si l'autre fume, s'il me lance un regard gourmand, il m'agresse déjà) ; quoi qu'il en soit, loin de lui permettre de flotter en toute liberté dans son paisible équilibre, ce repli sur soi narcissique laisse le sujet à la (pas si) tendre merci de l'injonction surmoïque de jouir. La subjectivité prétendument « postmoderne » induit de cette façon une sorte de *« surmoïsation » directe de l'Idéal imaginaire*, causée par le manque de Prohibition symbolique même ; sont en cela exemplaires les *hackers*-programmeurs « postmodernes », ces extravagants excentriques recrutés par les grandes entreprises pour poursuivre leur passe-temps dans un environnement informel. Il leur est enjoint d'être ce qu'ils sont, d'obéir à leurs idiosyncrasies les plus intimes ; ils sont autorisés à ignorer les normes sociales d'habillement et de comportement (ils n'obéissent qu'à certaines règles élémentaires faites de tolérance polie pour les idiosyncrasies de chacun) ; ils semblent de cette façon réaliser une sorte d'utopie proto-socialiste consistant à annuler l'opposition entre l'activité commerciale aliénée, où l'on gagne de l'argent, et le passe-temps privé que l'on poursuit, pour le plaisir, les samedi et dimanche. D'une certaine manière, leur travail est leur passe-temps, raison pour laquelle ils passent de longues heures, les week-ends, sur leur lieu de travail, devant l'écran de leur ordinateur : lorsqu'on est payé pour s'absorber dans son passe-temps favori, le résultat est que l'on est exposé à une pression du surmoi incomparablement plus forte que celle de la bonne vieille « éthique du travail protestante ». En cela réside l'intolérable paradoxe de cette « désaliénation » postmoderne : la tension n'oppose plus mes pulsions créatives idiosyncrasiques les plus intimes à l'Institution qui ne les apprécie pas et entend les réprimer dans le but de me « normaliser » : ce que cible l'injonction surmoïque de l'entreprise postmoderne de type Microsoft, c'est précisément le cœur de ma créativité idiosyncrasique – je leur deviens inutile dès lors que je commence à perdre cette « perversion coquine », dès lors que je perds mon côté subversif très « contre-culture », et commence à me comporter en sujet adulte « normal ». Ce à quoi nous assistons ici, c'est en conséquence à une étrange alliance entre le noyau dur rebelle et subversif de ma personnalité, ma « perversion coquine », et l'Entreprise externe.

Qu'est donc le surmoi dans son opposition à la Loi symbolique ? La figure parentale, qui est simplement « répressive » sous le mode de l'autorité symbolique, dit à un enfant : « Tu dois te rendre à l'anniversaire de mamie et te comporter gentiment, même si cela t'ennuie à en mourir – ce que tu ressens ne m'intéresse pas ; tu le fais, un point c'est tout ! » La figure du surmoi, en comparaison, dit à l'enfant : « Bien que tu saches combien mamie aimerait te voir, tu devrais ne lui rendre visite que si tu le veux vraiment – autrement, tu ferais mieux de rester à la maison ! » La ruse du surmoi réside dans cette fausse apparence d'un libre choix, qui, comme le sait chaque enfant, est en réalité un choix forcé qui induit un ordre bien plus contraignant encore ; il faut comprendre non seulement : « Tu dois aller voir mamie, et ce que tu ressens n'a aucune importance ! », mais aussi : « Tu dois aller voir mamie et, par dessus le marché, TU DOIS ÊTRE RAVI DE LE FAIRE ! » – le surmoi vous ordonne d'*adorer* faire ce que vous devez faire. Il en va de même entre amoureux ou dans un couple marié : lorsqu'une épouse dit à son mari : « Nous pourrions aller voir ma sœur à la seule condition que tu le veuilles vraiment ! », l'ordre qui est donné entre les lignes est, naturellement, le suivant : « Non seulement il faut que tu sois d'accord pour voir ma sœur, mais encore faut-il que tu le fasses avec joie, de ta propre et libre volonté, pour ton plaisir, et non comme une faveur à me rendre ! » La preuve de cela réside dans ce qui arrive si l'infortuné partenaire envisage l'offre qui lui est faite comme un choix réellement libre à effectuer, et répond par la négative – la réponse prévisible de l'épouse sera alors : « Comment peux-tu dire cela ! Comment peux-tu être aussi cruel ! Mais qu'a donc fait ma pauvre sœur pour que tu la détestes à ce point ? »

La sexualité aujourd'hui

De quelle façon cette déplorable situation affecte-t-elle le sort de la sexualité ? Aujourd'hui, l'opposition entre la réflexivisation et la nouvelle immédiateté est celle qui existe entre la sexualité scientifique et la spontanéité *New Age*. Les deux conduisent, en définitive, à la fin de la sexualité même, à la fin de la passion sexuelle. La première option – la sexualité sous la coupe de la science – connaît deux modes. Le premier est la tentative d'abolir la fonction procréatrice de la sexualité à travers le clonage. Peu importe, dans ces conditions, que nous rencontrions une nouvelle fois, au sujet du clonage, la vérité cachée du *Tu peux, parce que tu dois !* de Kant, son renversement en *Tu ne peux pas, parce que tu ne devrais pas !* L'argument de ceux qui s'opposent au clonage est que nous *ne devrions pas* le mettre en œuvre, au moins pas sur les êtres humains, parce qu'il n'est *pas possible* de réduire un être humain à une entité positive dont peuvent être manipulés les attributs psychiques les plus intimes. Ne s'agit-il pas d'une autre variation du « *Wovon man nicht sprechen* KANN, *davon*

MUSS *man schweigen !* »/« *Sur ce dont on ne peut parler, il faut garder le silence !* » de Wittgenstein ? La peur sous-jacente qui vient à s'exprimer dans cet interdit, naturellement, est celle du renversement de l'ordre de la raison : nous devrions affirmer que nous ne pouvons le faire, parce que autrement *il se pourrait bien que nous le fassions*, avec à la clé des conséquences éthiques catastrophiques. Ce paradoxe consistant à prohiber l'impossible surgit à son paroxysme dans la réaction conservatrice de l'Église catholique : si les chrétiens croient effectivement à l'immortalité de l'âme humaine, au caractère unique de la personnalité humaine, à ce qui fait que je ne suis pas simplement le résultat de l'interaction entre mon code génétique et mon environnement, alors pourquoi s'opposer au clonage et aux manipulations génétiques ? Ces chrétiens qui s'opposent au clonage ne sont-ils pas, une nouvelle fois, entraînés dans le jeu qui consiste à interdire l'impossible – la manipulation génétique ne peut atteindre le cœur de la personnalité humaine, alors pourquoi devrions-nous l'*interdire* ? En d'autres termes, *ces opposants chrétiens au clonage ne croient-ils pas secrètement eux-mêmes au pouvoir de la manipulation scientifique, en sa capacité à bouleverser le cœur même de notre personnalité* ? Naturellement, leur réponse consisterait à dire que, en se considérant lui-même comme le simple résultat de l'interaction entre son code génétique et son environnement, l'homme renoncera en toute liberté à sa dignité : le problème ne serait pas la manipulation génétique en tant que telle, mais le fait que son acceptation indique combien l'homme ne se conçoit que comme une autre machine biologique, et se prive en conséquence, de lui-même, de son unique dignité. Pourtant, la réponse à cela, une nouvelle fois, est celle-ci : pourquoi ne devrions-nous pas avaliser la manipulation génétique ET simultanément insister sur le fait que les personnes humaines sont des agents responsables et libres, puisque nous acceptons le postulat selon lequel ces manipulations n'affectent pas réellement le cœur de notre âme ? Pour quelles raisons les opposants chrétiens au clonage disent-ils encore, à propos du « mystère insondable de la conception », que l'homme ne devrait pas s'en mêler, comme si en poursuivant nos explorations génétiques nous pouvions, néanmoins, atteindre quelque secret qui ferait mieux d'être laissé dans l'ombre – en résumé, comme si, en clonant mon corps, *je clonais également, dans le même temps, mon Âme immortelle...* ?

Le clonage nous confronte de cette façon à l'alternative éthico-ontologique la plus fondamentale. Il est permis d'avancer que toute la fureur provoquée par son projet n'est qu'une redite de la réaction classique à toute grande invention technologique, de la machine au cyberespace : la fureur morale et la peur, qui expriment la perplexité du sujet, sont ensuite suivies d'une « normalisation » ; la nouvelle invention devient lentement partie de nos vies, nous apprenons à l'utiliser, inventons de nouvelles normes de comportement avec elle... Pourtant, les choses sont ici plus radicales, puisque ce qui est en jeu, c'est le cœur même de la « liberté humaine ». Dans un article paru dans la *Süddeutsche Zeitung*, Jürgen Habermas prenait la défense de l'interdiction du clonage en avançant une argumentation qui induit un intéressant paradoxe ; le clonage impliquerait une situation qui ressemble d'assez près à celle de l'esclavage : une part inhérente à moi-même, une part qui, au moins partiellement, codétermine mon identité psychique et corporelle, deviendrait le résultat d'une intervention/manipulation intiée par un autre être humain. Ce qui rend le clonage problématique sur un plan éthique, c'est le fait même que ma base génétique – qui jusqu'à présent dépendait du hasard aveugle de l'héritage biologique – est au moins partiellement définie par la décision et l'intervention conscientes et déterminées (c'est-à-dire *libres*) d'autrui : ce qui me rend non libre, ce qui me prive d'une partie de ma liberté, c'est paradoxalement le fait même que ce qui était de cette façon laissé au hasard (à la *nécessité* naturelle aveugle) devient dépendant de la *libre* décision d'une autre personne. Nous avons pourtant ici une différence cruciale par rapport à l'esclavage : lorsqu'un esclave est subordonné à la Volonté d'autrui, il est ainsi privé de sa propre liberté personnelle ; alors que lorsqu'un clone est produit, et son génome (les six billions de signes génétiques comprenant la totalité de la « connaissance » héritée) modifié par manipulation génétique, rien ne permet d'affirmer qu'il soit privé de sa liberté ; seule la partie qui est la sienne et qui dépendait auparavant du hasard naturel se voit subordonnée à la liberté d'autrui. Pour cette raison, le cas analogue à la libération d'un esclave n'est ici ni la libération du sujet de la définition par code génétique, ni une situation où le sujet concerné, après avoir mûri et maîtrisé la biotechnologie, serait lui-même capable de se manipuler, d'intervenir sur son propre corps afin de le modifier en fonction de sa libre décision, mais simplement le geste négatif consistant à abolir la détermination de mon code génétique par la décision et l'intervention/manipulation d'autrui – en résumé, je reconquiers ma liberté dans la mesure où la structure de mon génome est à nouveau laissée au hasard aveugle de la nécessité naturelle... Cette solution n'implique-t-elle pas qu'un certain minimum d'ignorance soit la condition de notre liberté, ou, pour le dire autrement, que la connaissance approfondie du génome et l'intervention /manipulation le concernant nous privent d'une partie de notre liberté ? L'alternative est ici inévitable : soit notre génome nous détermine, et nous ne sommes alors que de simples « machines biologiques », et l'ensemble du discours visant à prohiber le clonage et les manipulations génétiques une simple stratégie désespérée d'évitement de l'inévitable, consistant à maintenir le simulacre de notre liberté en contraignant la connaissance scientifique et les capacités technologiques qui s'appuient sur elle ; soit notre génome ne nous détermine en rien, auquel cas, une nouvelle fois, il n'existe aucune réelle raison de s'alarmer, puisque la manipulation de notre code génétique n'affecte pas véritablement le cœur de notre identité personnelle...

La seconde option, l'intervention scientifique-médicale directe au cœur même de la sexualité, est parfaitement exemplifiée par le malheureux Viagra, la pilule miracle qui promet de restaurer la puissance sexuelle mâle d'une manière purement bio-chimique, en contournant tous les problèmes liés aux inhibitions psychologiques. Que seront les effets psychiques du Viagra si ce médicament tient effectivement ses promesses ? À ceux qui hurlent que le féminisme a fait planer une menace sur la masculinité (la confiance en soi des hommes aurait été sérieusement minée par le fait d'être en permanence sous le feu des agressions de femmes émancipées qui entendaient se libérer de la domination patriarcale, repousser toute avance à caractère sexuel, et exiger simultanément une pleine satisfaction sexuelle de leurs partenaires mâles) – à eux, le Viagra ouvre une échappatoire facile à cette triste et anxiogène situation : les hommes n'ont plus à s'inquiéter, ils savent désormais qu'ils seront capables de remplir leur rôle de manière appropriée. Par ailleurs, les féministes peuvent clamer haut et fort que le Viagra prive en définitive la puissance mâle de sa mystique, et rend par conséquent les hommes effectivement égaux aux femmes... Pourtant, le moins que l'on puisse dire contre ce second argument, c'est qu'il simplifie la manière dont la puissance mâle fonctionne en réalité : ce qui lui confère en fait un statut mythique, c'est bien la menace de l'impuissance. Dans l'économie psychique sexuelle mâle, l'ombre toujours présente de l'impuissance, l'idée terrorisante qu'à la prochaine relation sexuelle mon pénis refusera de se dresser, est essentielle à la définition même de ce qu'est la puissance mâle. Voici ma description du paradoxe de l'érection : l'érection dépend entièrement de moi, de mon esprit (comme le dit la boutade : « L'objet le plus pratique au monde ? Le pénis, parce qu'il est le seul qui puisse fonctionner par une simple pensée ! ») ; elle est simultanément ce sur quoi je n'ai en définitive aucun contrôle (si je ne suis pas dans le bon état d'esprit, aucun effort de concentration ou de volonté ne permettra d'y parvenir – ce pourquoi, aux yeux de saint Augustin, le fait que l'érection échappe au contrôle de ma volonté constitue la punition divine venant sanctionner l'arrogance et la prétention de l'homme, son désir de devenir le maître de l'univers...). Pour le dire en recourant aux termes de la critique par Adorno de la marchandisation et de la rationalisation, l'érection est l'un des derniers vestiges de la spontanéité authentique, quelque chose qui ne peut être entièrement maîtrisé par le biais de procédures rationnelles-instrumentales. Cette nuance infinitésimale – le fait que ce n'est jamais directement « moi », mon Moi, qui peut librement décider d'une érection – est cruciale : un homme sexuellement puissant suscite une certaine attirance et du désir non pas parce que sa volonté gouverne ses actes, mais parce que cet insondable X, qui, bien qu'au-delà du contrôle conscient, décide de l'érection, ne présente aucun problème pour lui.

La chose essentielle ici est de distinguer le pénis (l'organe érectile lui-même) du phallus (le signifiant de la puissance, de l'autorité symbolique, de la dimension – non pas biologique, mais symbolique – qui me confère autorité et/ou puissance). De la même façon qu'un juge, qui pourrait être en lui-même un individu sans valeur aucune, exerce l'autorité dès qu'il ne parle plus simplement en son nom, puisque c'est la Loi elle-même qui parle à travers lui, la puissance du mâle en tant qu'individu fonctionne comme un signe qu'une autre dimension symbolique est active à travers lui : le « phallus » désigne les béquilles symboliques qui viennent conférer à mon pénis la dimension de la puissance même. En raison de cette distinction, l'« angoisse de la castration » n'a, aux yeux de Lacan, rien à voir avec la peur de perdre son pénis : ce qui nous rend anxieux, c'est plutôt la menace que l'autorité du signifiant phallique s'effondre en tant qu'imposture. Pour cette raison, le Viagra est l'agent ultime de la castration : un homme qui avale la pilule voit son pénis fonctionner, mais s'avère privé de la dimension phallique de la puissance symbolique – l'homme qui est en mesure de copuler grâce au Viagra est un homme pourvu d'un pénis, mais sans phallus. Pouvons-nous donc réellement imaginer comment la transformation de l'érection en une opération réalisable par le biais d'une intervention médicale-mécanique directe (en prenant une pilule) affectera l'économie sexuelle ? Pour le dire en termes quelque peu machistes, que restera-t-il de l'idée que se fait une femme d'être attirante pour un homme, de l'exciter vraiment ? Par ailleurs, l'érection ou son absence n'est-elle pas une sorte de signal nous permettant de connaître quelle est notre véritable attitude psychique ? Transformer l'érection en une opération mécaniquement réalisable est quelque peu similaire au fait d'être privé de la capacité à ressentir la douleur – comment un sujet mâle parviendra-t-il à savoir ce qu'est sa véritable attitude ? Sous quelles formes son insatisfaction ou sa résistance trouveront-elles leur exutoire, lorsqu'elles seront privées du simple signe de l'impuissance ? La désignation habituelle d'un homme sexuellement insatiable est qu'il ne pense pas, lorsque surgit le désir, avec sa tête, mais avec son pénis – pourtant, qu'arrive-t-il lorsque sa tête tient fermement les manettes ? L'accès à la dimension à laquelle on se réfère habituellement sous le nom d'« intelligence émotionnelle » ne sera-t-il pas davantage, et peut-être de manière décisive, entravé ? Il est facile de célébrer le fait que nous n'aurons plus à combattre nos traumatismes psychologiques, que les peurs et inhibitions cachées ne seront plus susceptibles de paralyser notre capacité sexuelle ; pourtant, ces peurs et inhibitions cachées, en raison de cela, ne disparaîtront pas – elles pèseront sur ce que Freud appelait l'« Autre Scène », étant simplement privées de leur principal exutoire, attendant d'exploser d'une manière probablement beaucoup plus violente et (auto)destructrice. En fin de compte, cette mutation de l'érection en une procédure mécanique *désexualisera* simplement l'acte de copulation.

À l'extrême opposé du spectre, la sagesse *New Age* semble offrir une porte de sortie à cette triste situation – pourtant, que trouvons-nous, en réalité, là-dedans ? Penchons-nous sur sa version populaire par excellence, le *méga-bestseller* signé James Redfield, *Celestine Prophecy*. Selon *Celestine Prophecy*, le premier « nouvel aperçu » qui ouvrira la voie au « renouveau spirituel » de l'humanité consistera à devenir conscient du fait qu'il n'y a pas de rencontre contingente : puisque notre énergie psychique participe de l'Énergie de l'univers qui détermine secrètement le cours des choses, des rencontres externes contingentes apportent toujours un message qui nous est adressé, adressé à notre situation concrète ; elles interviennent comme une réponse à nos besoins et à nos questionnements (par exemple, si je suis préoccupé par un certain problème et que se produit alors quelque chose d'inattendu – un ami perdu de vue depuis longtemps me rend visite, je rencontre une difficulté dans ma vie professionnelle –, cet événement contient sans nul doute un message concernant mon problème). Nous nous retrouvons de cette façon dans un univers où toute chose a une signification, dans un univers proto-psychotique où cette signification est discernable dans la contingence même du réel ; et les conséquences de tout cela sur l'intersubjectivité présentent un intérêt tout à fait particulier. À en croire *Celestine Prophecy*, nous sommes aujourd'hui pris dans la fausse compétition qui nous oppose à nos semblables, cherchant en eux/elles ce qui nous fait défaut, projetant sur eux/elles les fantasmes qui sont les nôtres quant à ces manques, dépendant d'eux/d'elles, tandis que la tension, puisque l'harmonie parfaite est impossible, puisque l'autre n'apporte jamais ce que nous recherchons, est irréductible. Après le renouveau spirituel, pourtant, nous devrions apprendre à TROUVER EN NOUS-MÊME ce que nous cherchons en vain chez les autres (notre complément mâle ou femelle) : chaque être humain deviendra un être platonicien complet, délivré de la dépendance exclusive à autrui (chef ou partenaire amoureux), délivré de la nécessité de tirer de l'énergie de lui/d'elle. Lorsqu'un sujet véritablement libre s'associe avec un autre être humain, il est de cette manière en deçà de l'attachement passionné à l'autre : son partenaire n'est pour lui que le véhicule d'un certain message ; il s'efforce de discerner dans les autres messages sa propre évolution intime et sa maturation... Nous avons ici affaire à l'envers nécessaire de l'élévation spiritualiste *New Age* : la fin de l'attachement passionné à l'Autre, l'apparition d'un Moi autosuffisant pour qui l'Autre-partenaire n'est plus un sujet, mais purement et simplement le porteur d'un message le concernant directement. En psychanalyse, nous rencontrons également la position du porteur de message : le sujet n'est pas conscient d'incarner un message, comme dans certains romans policiers où la vie de quelqu'un est soudainement menacée, où un mystérieux groupe essaie de le supprimer – manifestement, le sujet sait quelque chose qu'il n'aurait pas dû savoir, participe à quelque connaissance interdite (disons, le secret qui pourrait envoyer derrière les barreaux une haute instance de la mafia) –, le point clé ici, c'est que *le sujet est dans l'ignorance totale de ce qu'est cette connaissance* ; la seule chose qu'il sait, c'est qu'il sait quelque chose qu'il n'aurait pas dû savoir... Cette position, quoi qu'il en soit, est à l'opposé même de la perception de l'Autre, dans l'idéologie *New Age*, comme porteur d'un message particulier me concernant : en psychanalyse, le sujet n'est pas le lecteur (potentiel), mais le porteur d'un message adressé à l'Autre, et par conséquent, en principe, inaccessible au sujet lui-même.

Pour en revenir à Redfield, mon hypothèse est que l'aperçu prétendument le plus élevé de la sagesse spirituelle coïncide avec notre expérience quotidienne la plus commune. Si nous prenons la description par Redfield de l'état littéralement idéal de maturité spirituelle, il correspond déjà à l'expérience interpersonnelle quotidienne et commercialisée du capitalisme terminal, où les passions mêmes disparaissent, où l'Autre n'est plus un abysse insondable dissimulant et annonçant ce qui est « en moi plus que moi-même », mais le porteur de messages à destination d'un sujet consumériste autosuffisant. Les adeptes du *New Age* ne nous apportent pas même un supplément d'âme idéal à la vie quotidienne commercialisée ; ils nous apportent la version spiritualisée/mystifiée de cette vie quotidienne commercialisée même...

Quelle est alors la voie de sortie de cette consternante situation ? Sommes-nous condamnés à osciller d'une manière plutôt déprimante entre l'objectivisation scientifique et la sagesse *New Age*, entre le Viagra et *Celestine Prophecy* ? Qu'il existe encore une voie de sortie, un récent cas le démontre, celui de Mary Kay le Tourneau, cette enseignante de Seattle âgée de trente-six ans, emprisonnée pour avoir noué une relation amoureuse passionnelle avec un de ses élèves âgé de quatorze ans, l'une des récentes grandes histoires d'amour où le sexe s'avère encore lié à une authentique transgression sociale : cette affaire fut condamnée par les fondamentalistes de la Majorité morale (comme une obscène histoire illégitime), tout comme par les libéraux politiquement corrects (en tant qu'abus sexuel sur mineur). Le ridicule qu'il y a à définir cette histoire d'amour passionnelle unique comme le cas d'une femme *violant* un adolescent ne peut que sauter aux yeux ; néanmoins, pratiquement personne n'osa défendre publiquement la dignité éthique de son acte ; deux types de réactions à son égard purent s'observer : la simple condamnation du caractère fautif de cet acte, de sa responsabilité pleine et entière pour avoir oublié le sens élémentaire du devoir et de la décence en s'étant engagée dans une relation avec un adolescent ; ou, comme le fit son avocate, l'esquive du bla-bla psychiatrique, la médicalisation de son cas, la traitant comme une personne malade, la décrivant comme souffrant d'un « désordre bipolaire » (un nouveau terme désignant des états maniaco-dépressifs). Lorsque, dans l'un de ses accès maniaques, elle perdait tout simplement conscience des risques qu'elle encourait, comme l'affirmait son avocate – répétant le pire cliché antiféministe ! – le plus grand danger pour elle, c'était elle-même (il est tentant d'ajouter ici qu'avec des avocats de ce calibre, l'accusation n'est plus vraiment nécessaire). Dans ce registre, le docteur Julie Moore, la psychiatre qui « évalua » Mary Kay, insista avec emphase sur le fait que son problème « n'était pas psychologique mais médical », qu'elle devait être traitée avec des médicaments qui stabiliseraient son comportement : « Pour Mary Kay, la moralité commence avec une pilule. » Il était assez pénible d'écouter ce médecin médicalisant avec brutalité la passion de Mary Kay, la privant de la dignité d'une authentique position subjective : elle affirma haut et fort, lorsque Mary Kay se mit à parler de l'amour qu'elle éprouvait pour ce garçon, qu'elle ne devait tout simplement pas être prise au sérieux – qu'elle était transportée dans un autre univers, déconnectée des demandes et obligations inhérentes à son environnement social...

La notion de « désordre bipolaire » popularisée par deux émissions d'Oprah Winfrey est intéressante [1] : son principe de base est qu'une personne souffrant de ce désordre sait encore la différence entre le bien et le mal, sait encore ce qui est bon ou mauvais pour elle mais, lorsque se déclenche un état maniaque, s'emporte et prend des décisions irréfléchies, suspendant sa capacité de jugement rationnel qui lui indique ce qui est bon ou mauvais pour elle. Une telle suspension n'est-elle pourtant pas l'un des constituants de la notion d'ACTE authentique ? Et qu'est-ce qu'un acte ? Lorsque Lacan définit un acte comme « impossible », il entend par là qu'un acte véritable n'est jamais simplement un geste accompli en accord avec une série de règles données, linguistiques, etc. – de l'intérieur même de l'horizon de ces règles, un acte apparaît comme « impossible », de telle sorte qu'un acte réussi, par définition, induit un court-circuit ; il crée rétroactivement les conditions de sa propre possibilité.

Voilà donc la triste réalité de notre société libérale, tolérante, à l'ère du capitalisme triomphant : la capacité même à AGIR est brutalement médicalisée, traitée comme un accès maniaque dans les limites de la définition du « désordre bipolaire », et, en tant que telle, soumise d'autorité au traitement biochimique – ne rencontrons-nous pas ici notre propre contrepartie occidentale, libérale-démocratique, aux anciennes tentatives

1. Le Oprah Winfrey Show, regardé par des millions de téléspectateurs, joua un rôle considérable dans la culture populaire américaine. On peut avec intérêt lire entre autres,

soviétiques de diagnostiquer, derrière la pensée dissidente, un désordre mental (pratique fort appréciée dans les murs de l'infâme Institut Scherbsky de Moscou) ? Peu importe, alors, qu'une partie de la sentence consista à imposer à Mary Kay le suivi d'une thérapie (l'avocate expliqua même sa seconde transgression – avoir été trouvée avec son amant dans une voiture en pleine nuit, après sa libération, ce qui lui faisait encourir une invraisemblable condamnation à six ans de prison – comme résultant du fait que, dans les jours précédant immédiatement ce rendez-vous, il ne lui avait pas été régulièrement donné la médication qui lui avait été prescrite !). Oprah Winfrey elle-même, qui consacra l'une de ses émissions à Mary Kay, atteignit ici un sommet : elle se montra d'accord pour rejeter le discours de la « personnalité bipolaire » comme du bavardage juridique, mais le rejeta pourtant pour une mauvaise raison, comme une simple excuse autorisant Mary Kay à se décharger de sa *culpabilité* fondamentale, de son irresponsabilité. Bien que prétendant camper sur une posture de neutralité et ne pas prendre parti, elle fit en permanence référence à l'amour de Mary Kay d'une manière moqueuse et distanciée (« ce qu'elle *pensait* être de l'amour », etc.), et finit par prêter sa voix, passionnément, à la question-surprise que se posaient ses semblables, son mari, ses voisins, les soi-disant gens ordinaires décents : « Comment avait-elle pu agir ainsi, sans penser aux conséquences catastrophiques de ses actes ? Comment

---

à son sujet, l'essai du romancier Jonathan Franzen, *Pourquoi s'en faire ?*, Éditions de l'Olivier, Paris, 2003 *(N.d.É.)*.

avait-elle pu, non seulement prendre un risque, mais en réalité abandonner et renoncer à tout ce qui constituait le sens même de sa vie – sa famille et ses trois enfants, sa carrière professionnelle ? » Une telle suspension du « principe de la raison suffisante » n'est-elle pourtant pas la définition même de l'ACTE ? Le moment le plus déprimant du procès fut sans aucun doute celui où, sous la pression des circonstances, Mary Kay reconnut, en larmes, qu'elle savait combien était mauvais, à la fois sur le plan légal et sur le plan moral, ce qu'elle avait fait – un moment de *trahison éthique* dans l'acception précise d'« acceptation d'un compromis avec le désir qui fut le sien », s'il y en eut un. En d'autres termes, sa *culpabilité*, à cet instant, résida précisément dans le fait de renoncer à sa passion. Lorsque, plus tard, elle réaffirma sa *fidélité* inconditionnelle à son amour (affirmant avec dignité qu'elle avait appris à rester vraie et fidèle à elle-même), nous eûmes affaire au cas, évident, de quelqu'un qui, après avoir quasiment succombé à la pression des circonstances, mettait un terme à son sentiment de culpabilité et retrouvait son sang-froid éthique en décidant de *ne pas compromettre son désir*.

Le faux argument ultime contre Mary Kay, avancé par un psychologue au cours de l'émission d'Oprah, fut celui de la symétrie des sexes : imaginons le cas opposé, le cas à la Lolita, d'un enseignant de trente-quatre ans ayant une relation avec son élève, une jeune fille de treize ans – n'insisterions-nous pas, dans ce cas, bien plus clairement, sur sa culpabilité et sa responsabilité ?

Cet argument est trompeur et pernicieux, et pas seulement parce qu'il rejoint celui des opposants à l'*affirmative action* (qui entend aider les minorités défavorisées) pour qui le racisme inversé est encore plus mauvais (le fait est que ce sont les hommes qui violent les femmes, et non *l'inverse*...). À un niveau plus radical, il faudrait insister sur le caractère unique, l'idiosyncrasie absolue de l'acte éthique même – un tel acte induit sa propre normativité, qui lui est inhérente, et qui « le rend bon » ; il n'existe aucun critère neutre externe susceptible de nous permettre de décider par avance, par sa simple application à un cas singulier, de son statut éthique.

C'est de l'économie politique, crétin !

Pour en revenir à Bill Gates, la raison pour laquelle nous avons insisté sur le fait que nous avions affaire avec lui à une icône, c'est qu'il serait une imposture de faire du « vrai » Gates une sorte de Génie du Mal tramant un complot dans le but de parvenir au contrôle total de nos vies. Ici, plus que jamais, il est crucial de se souvenir de la leçon de la dialectique marxiste de la fétichisation : la « réification » des relations entre les gens (le fait qu'elles adoptent la forme de « relations entre choses » fantasmagoriques) est toujours redoublée par le processus apparemment inverse, par la fausse « personnalisation » (« psychologisation ») de ce qui constitue en réalité des processus sociaux objectifs. La première génération des théoriciens de l'École de Francfort attira, dès les années 1930, l'attention sur la manière dont – au moment précis où les relations du marché global commençaient à exercer leur pleine domination, rendant le succès ou l'échec du producteur individuel dépendant des cycles totalement incontrôlables du marché – l'idée d'un « génie des affaires » charismatique se réaffirmait dans l'« idéologie capitaliste spontanée », attribuant le succès ou l'échec d'un homme d'affaires à quelque mystérieux *je ne sais quoi*[1] dont il serait le détenteur. Et n'en va-t-il pas toujours de même aujourd'hui, et plus encore, quand est portée à son paroxysme l'abstraction des relations de marché qui régissent nos vies ? Le marché du livre est saturé de manuels psychologiques nous enseignant comment réussir, comment l'emporter sur notre partenaire ou notre adversaire – en résumé, rendant notre succès dépendant de notre « attitude ». Alors, d'une certaine manière, il est tentant de renverser la fameuse formule de Marx : dans le capitalisme contemporain, *les « relations entre les choses » objectives du marché tendent à adopter la forme fantasmagorique des « relations entre les gens » pseudo-personnalisées.* Non, Bill Gates n'est pas un génie, bon ou mauvais ; il est juste un opportuniste qui a su saisir le moment, et, en l'occurrence, le résultat du système capitaliste fut ravageur. La question à poser n'est pas : « Comment Gates y est-il parvenu ? », mais : « Comment le système capitaliste est-il structuré, qu'est-ce qui ne va pas avec lui pour qu'un individu puisse parvenir à un pouvoir aussi disproportionné ? ». Des phénomènes tels que le phénomène Bill Gates semblent de cette façon se diriger vers leur propre conclusion : une fois que nous avons affaire à un gigantesque réseau global appartenant formellement à un seul individu ou à une seule entreprise, la propriété ne devient-elle pas d'une certaine manière hors de propos pour ce qui est

1. En français dans le texte (*N.d.T.*).

de son fonctionnement (plus aucune compétition ne vaut vraiment la peine ; le profit est garanti), de telle sorte qu'il devient possible de simplement couper sa tête et socialiser le réseau entier sans perturber gravement son fonctionnement ? Un tel acte ne se ramène-t-il pas à une conversion purement formelle se contentant de lier ensemble ce qui, *de facto*, l'est déjà : le collectif des individus et le réseau communicationnel global qu'ils utilisent tous, et qui forme de cette façon la substance de leurs vies sociales ?

Cela nous amène au second aspect de notre distance critique à l'égard de la théorie de la société du risque : la manière dont elle envisage la réalité du capitalisme. À y regarder de plus près, l'idée qu'elle se fait du « risque » ne désigne-t-elle pas un domaine circonscrit et précisément défini où sont générés les risques : celui de l'usage incontrôlé de la science et de la technologie dans les conditions du capitalisme ? Le cas paradigmatique du « risque », qui n'est pas simplement un risque parmi tant d'autres mais bien le risque « en tant que tel », est celui d'une nouvelle invention scientifico-technologique destinée à être utilisée par une entreprise privée sans que soit initié le moindre débat ou contrôle démocratique public à son sujet, et qui vient alors générer le spectre de conséquences à long terme inattendues et catastrophiques. Quoi qu'il en soit, ce type de risque n'est-il pas enraciné dans le fait que la logique du marché et du profit conduit les entreprises privées à persévérer et à recourir aux innovations scientifiques et technologiques (ou simplement à augmenter leur production) sans véritablement prendre en compte les effets sur le long terme, aussi bien pour l'environnement que pour la santé du genre humain lui-même, d'une telle activité ? Ne doit-on pas par conséquent – en dépit de tout le discours sur une « seconde modernisation » nous obligeant à nous défaire des vieux dilemmes idéologiques de la gauche et de la droite, du capitalisme contre le socialisme, etc. –, ne doit-on pas en tirer la conclusion que, dans la situation globale présente où les entreprises privées prennent, hors du contrôle politique public, des décisions qui peuvent tous nous affecter, limiter les chances de notre survie, la seule solution réside dans une sorte de socialisation directe du processus de production, c'est-à-dire dans l'évolution vers une société où les décisions globales à propos de l'orientation fondamentale des modalités de développement et d'utilisation des capacités de production à la disposition de la société seraient d'une manière ou d'une autre prises par l'ensemble de la population affectée par de telles décisions ? Les théoriciens de la société du risque évoquent souvent la nécessité de contrecarrer le règne du marché global « dépolitisé » en évoluant vers une *repolitisation* radicale, qui retirerait des décisions cruciales des mains des planificateurs et experts d'État pour les remettre entre celles des individus et groupes concernés eux-mêmes (à travers la revitalisation de la citoyenneté active, d'un large débat public, etc.). Pourtant, ils s'arrêtent dès qu'il faut mettre en question les fondamentaux mêmes de la logique anonyme des relations du marché et du capitalisme global, qui s'impose aujourd'hui de plus en plus comme le Réel « neutre » accepté par toutes les parties et, en tant que tel, de plus en plus dépolitisé.

La grande nouvelle de la « fin de l'idéologie » de l'âge postpolitique contemporain est la dépolitisation radicale de la sphère de l'économie : la manière dont l'économie fonctionne (la nécessité de mettre un terme à la sécurité sociale, etc.) est acceptée comme une simple manifestation de l'état des choses objectif. Pourtant, aussi longtemps que sera acceptée cette dépolitisation fondamentale de la sphère économique, l'ensemble du discours sur une citoyenneté active, sur un débat public conduisant à des décisions collectives responsables, etc., restera circonscrit aux enjeux « culturels » des différences religieuses, sexuelles, ethniques et autres modes de vie, sans avoir d'influence sur le niveau auquel sont prises des décisions qui, à un moment ou à un autre, nous affecteront tous. En résumé, la seule manière de mettre efficacement en œuvre la société où des décisions risquées sur le long terme seraient l'objet d'un débat public rassemblant tous ceux qui seraient concernés par ces dernières consiste en une certaine forme de limitation radicale de la liberté du capital, en la subordination du processus de production à un contrôle social, c'est-à-dire en la radicale *repolitisation de l'économie*. Pour le dire autrement, si le problème avec la postpolitique d'aujourd'hui (« l'administration des affaires sociales ») est qu'elle sape de plus en plus la possibilité d'un authentique acte politique, c'est que ce travail de sape est directement dû à la dépolitisation de l'économie, à l'acceptation générale du Capital et des mécanismes du marché comme procédures/outils neutres à exploiter. Nous pouvons désormais saisir pour quelles raisons la postpolitique d'aujourd'hui est dans l'impossibilité d'atteindre la dimension proprement politique de l'universalité : parce qu'elle interdit de politisation, dans un silence assourdissant, la sphère de l'économie. Dans ces conditions, au lieu de célébrer les nouvelles libertés et responsabilités apportées par la « seconde modernité », il est bien plus crucial de se concentrer sur ce qui *reste inchangé* au sein de cette fluidité et de cette réflexivité globales, sur ce qui sert de moteur même à cette fluidité : l'inexorable logique du Capital. La présence spectrale du Capital est la figure du grand Autre qui non seulement reste opérationnelle quand se désintègrent toutes les incarnations traditionnelles du grand Autre symbolique, mais cause même directement cette désintégration : loin d'être confronté à l'abysse ouvert par sa liberté, c'est-à-dire lesté du poids de la responsabilité qui ne peut être soulagé par la charitable main de la Tradition ou de la Nature, le sujet contemporain est peut-être plus que jamais emporté dans une inexorable compulsion qui, de fait, dirige sa vie.

L'ironie de l'histoire est que, dans les pays anciennement communistes d'Europe de l'Est, les communistes « réformateurs » furent les premiers à apprendre cette leçon. Pourquoi tant d'entre eux s'emparèrent-ils à nouveau du pouvoir *via* des élections libres au milieu des années 1990 ? Ce retour même offre la preuve ultime que ces États s'étaient effectivement soumis au capitalisme. Pour le dire autrement, que représentent les anciens communistes aujourd'hui ? Grâce à leurs liens privilégiés avec les capitalistes nouvellement apparus (pour la plupart des membres de l'ancienne *nomenklatura* ayant « privatisé » les entreprises qu'ils dirigeaient), ils sont d'abord, et avant tout, le parti du Grand Capital ; en outre, pour effacer les traces de leur brève mais néanmoins assez traumatisante expérience avec la société civile politiquement active, ils défendent férocement, comme un credo, une rapide désidéologisation, un retrait de l'engagement civique actif dans la société laissant la place à un consumérisme passif, apolitique – les deux figures qui caractérisent par excellence le capitalisme contemporain. Les dissidents sont ainsi abasourdis de découvrir qu'ils ont joué le rôle de « médiateurs évanouissants » sur la voie conduisant du socialisme au capitalisme, voie tracée par la même classe sous un nouvel habit. Est-il par conséquent abusif d'affirmer que le retour des ex-communistes au pouvoir montre combien les gens sont déçus du capitalisme et aspirent à l'ancienne sécurité socialiste ? Par une sorte de « négation de la négation » hégélienne, ce n'est qu'avec le retour au pouvoir des anciens communistes que le socialisme fut effectivement nié : le phénomène que les analystes politiques considèrent (par erreur) comme une « déception à l'égard du capitalisme » constitue en réalité une déception à l'égard d'un enthousiasme éthico-politique pour lequel n'existe aucune place dans un capitalisme « normal ». Rétroactivement, on prend de cette façon progressivement conscience de la profondeur de l'imbrication, au sein de la trame idéologique socialiste, du phénomène de ladite « dissidence », de la manière par laquelle la « dissidence », dans son « moralisme » très utopique (prêchant la solidarité sociale, la responsabilité éthique, etc.), fournissait le noyau dur éthique désavoué du socialisme : peut-être, un jour, des historiens noteront-ils que la « dissidence » fut le véritable résultat spirituel du socialisme réellement existant – de la même façon que Hegel affirmait que le véritable résultat spirituel de la guerre du Péloponnèse, sa Fin spirituelle, était l'ouvrage que lui avait consacré Thucydide...

Nous devrions par conséquent remettre au goût du jour la vieille critique marxiste de la « réification » : aujourd'hui, le fait de mettre l'accent sur une logique économique « objective » dépolitisée contre les formes prétendument « passées de mode » des passions idéologiques constitue LA forme idéologique prédominante, puisque l'idéologie est toujours autoréférentielle, puisqu'elle se définit toujours à travers une distance à l'égard d'un Autre méprisé et dénoncé au motif de son caractère « idéologique ». Pour cette raison précise, c'est-à-dire parce que *l'économie dépolitisée est le « fantasme primordial » désavoué de la politique postmoderne*, le *propre* d'un ACTE politique consisterait nécessairement à entraîner la repolitisation de l'économie : dans les limites d'une situation donnée, un geste ne compte en tant qu'ACTE que dans la mesure où il vient perturber (« traverser ») son fantasme primordial.

Conclusion :
le tamagoshi comme objet interpassif

L'idée d'*interpassivité*[1] fournit peut-être la clé – ou au moins l'une des clés – permettant de sortir des impasses de la présente constellation politique. L'interpassivité est l'exact opposé de l'« interactivité » (l'idée d'être actif par le biais d'un autre sujet qui fait le travail à ma place, à l'instar de l'idée hégélienne de la manipulation des passions humaines permettant d'atteindre nos objectifs – la « ruse de la raison/*List der Vernunft* »). La première formulation de l'interpassivité fut donnée par Lacan dans son commentaire sur le rôle du Chœur dans la tragédie grecque :

« Quand vous êtes le soir au théâtre, vous pensez à vos petites affaires, au stylo que vous avez perdu dans la journée,

1. Voir l'intervention de Robert Pfaller aux rencontres *Die Dinge auf unserer Stelle* de Linz (Autriche), des 8 et 10 octobre 1996. Pour une description plus détaillée de l'interpassivité, voir le chapitre III de l'ouvrage de Slavoj Zizek, *The Plague of Fantasies*, Londres, Verso, 1997.

au chèque que vous aurez à signer le lendemain – ne vous faisons donc pas trop de crédit. Vos émotions sont prises en charge dans une saine disposition de la scène. Le Chœur s'en charge. Le commentaire émotionnel est fait. [...] Il est juste ce qu'il faut bêta, il n'est pas sans fermeté non plus, il est plus humain.

Vous êtes donc délivré de tout souci – même si vous ne sentez rien, le Chœur aura senti à votre place. Et même, après tout, pourquoi ne pas imaginer que l'effet peut être obtenu sur vous, à petite dose, même si vous n'avez pas tellement palpité que cela [1] ? »

Afin d'éviter les exemples contemporains habituels d'interpassivité du type « rires préenregistrés » (où les rires sont intégrés dans la bande-son, de telle sorte que le téléviseur rit à ma place, c'est-à-dire réalise, représente l'expérience passive même du spectateur), je vais évoquer un exemple différent [2], celui de la scène embarrassante où une personne raconte une blague de mauvais goût ne faisant rire personne autour de lui, et où lui-même éclate d'un rire gras en répétant : « Qu'est-ce que c'était drôle ! » ou quelque chose d'approchant, c'est-à-dire exprime lui-même la réaction qu'il attendait de la part de son public. La situation est ici, d'une certaine manière, l'exact opposé du « rire préenregistré » de la télévision : l'agent qui éclate de rire à notre place (c'est-à-dire à travers lequel

1. Jacques Lacan, *L'Éthique de la psychanalyse, Le Séminaire, livre VII*, Paris, Le Seuil, « Champ freudien », 1986, pp. 294-295.

2. Tiré de Robert Pfaller.

nous rions néanmoins, nous le public ennuyé et embarrassé) n'est pas l'anonyme « grand Autre » du public artificiel invisible, mais le raconteur de blagues lui-même. Il le fait pour assurer l'inscription de son acte dans le « grand Autre », l'ordre symbolique : son rire compulsif ne diffère pas des exclamations du type « Oops ! » que nous nous sentons obligés d'émettre lorsque nous trébuchons ou faisons quelque chose de stupide. Le mystère de cette dernière situation, c'est qu'il est aussi possible pour une autre personne qui assiste à notre bourde de dire « Oops ! » *pour nous*. Dans tous ces exemples, je suis alors actif dans le but d'assurer la passivité d'un Autre qui représente ma véritable place. L'interpassivité, comme l'interactivité, subvertit ainsi l'opposition classique entre activité et passivité : si, dans l'interactivité (de la « ruse de la raison »), je suis passif tout en étant actif à travers un autre, dans l'interpassivité je suis actif tout en étant passif à travers un autre. Plus précisément, le terme d'« interactivité » est couramment utilisé dans deux acceptions : *interagir* avec le médium, c'est-à-dire ne pas être simplement un consommateur passif ; *agir à travers* un autre agent, de telle façon que mon travail soit fait, alors que je reste assis et reste passif, me contentant d'observer le jeu. Alors que le contraire du premier mode d'interactivité est également un type d'« interpassivité », la passivité mutuelle des deux sujets, comme deux amants s'observant passivement l'un l'autre et jouissant simplement de la présence de l'autre, la notion même d'interpassivité aspire au renversement de la seconde signification de l'interactivité : la figure distinctive de l'interpassivité, c'est qu'avec elle le sujet est sans cesse, et même frénétiquement, *actif*, tout en déplaçant vers autrui la passivité fondamentale de son être.

Bien sûr, le fait d'être actif et celui d'être passif sont inextricablement liés, puisqu'un sentiment passif, authentique comme il l'est, n'acquiert d'une certaine manière une actualité que dans la mesure où il est externalisé de façon appropriée, « exprimé » dans une activité déjà socialement codifiée (l'exemple le plus évident : au Japon, le rire signale l'embarras respectueux de notre hôte, tandis que pour nous il signale plutôt, lorsqu'on répond à notre question par un rire, une absence de respect teintée d'agressivité...). Cette minuscule nuance conduit non seulement à simuler les sentiments authentiques, mais aussi à *les provoquer* en les soumettant extérieurement à leur expression ritualisée (de cette façon, on peut « se mettre à pleurer », etc.), de telle sorte que, bien qu'ils débutent comme un simulacre, nous finissons par « réellement les ressentir »... C'est cette minuscule nuance qui est mobilisée dans l'économie obsessionnelle : le rituel obsessionnel est précisément une sorte de rituel « vide », un rituel où nous adoptons précisément des gestes de lamentation afin de *ne pas* expérimenter la véritable douleur provoquée par la mort d'un proche dont nous pleurons la disparition.

Le tamagoshi, le nouveau jouet digital japonais, ne se fonde-t-il pas sur cette même nuance ? Le tamagoshi est un animal domestique virtuel, un petit objet rond pourvu d'un écran, qui se comporte comme un enfant (ou un chien, ou un oiseau, ou quelque autre animal de compagnie qui A BESOIN DE SOIN), émettant des bruits et – modalité clé – exigeant des choses de l'enfant qui le possède.

Lorsqu'il émet des bip, on se doit de regarder sur l'écran où peut se lire la demande de l'objet – nourriture, boisson, ou n'importe quoi d'autre –, et d'appuyer sur les boutons appropriés installés sous l'écran afin de satisfaire à ces demandes. L'objet peut également exiger que l'on joue avec lui ; s'il devient trop dissipé, la meilleure chose à faire est de le punir en appuyant, à nouveau, sur les boutons appropriés. Des signaux divers (comme le nombre de petits cœurs sur l'écran) nous informent même du niveau de satisfaction de l'objet. Si l'on échoue trop souvent à satisfaire ces exigences, l'objet « meurt » ; il ne possède qu'une vie supplémentaire, et meurt définitivement en cas de nouvel échec, c'est-à-dire s'arrête de fonctionner, de telle façon, bien sûr, qu'il nous faut en acheter un nouveau... (Incidemment, l'une des nombreuses manières par lesquelles les affreux garnements chahutent leurs camarades innocemment absorbés dans leur attention pour leur tamagoshi est de s'occuper de leur jouet dès qu'il est, pour un bref laps de temps, laissé à lui-même, provoquant de catastrophiques conséquences – par exemple, le faire manger à l'excès afin que l'animal virtuel derrière l'écran s'étouffe à en mourir. Le tamagoshi nourrit donc également nombre d'assassins virtuels parmi les enfants, faisant émerger la cyber-contrepartie de l'enfant sadique torturant à mort un chat ou un papillon.) Cette « mort » définitive ayant entraîné beaucoup de dépressions nerveuses et de profonds traumatismes chez les enfants qui en possédaient, des versions récentes de tamagoshi comprennent désormais la possibilité de ressusciter indéfiniment ; c'est-à-dire qu'à la mort de l'objet-animal domestique, le jeu est simplement terminé, et peut à nouveau recommencer – cela, bien sûr, vient obscurcir ce qui était déjà si provocant et traumatique avec le tamagoshi des débuts, c'est-à-dire le fait même que sa (deuxième ou troisième) mort était *définitive*, irrévocable. La chose intéressante ici, c'est que nous avons affaire à un jouet, un objet mécanique, qui fournit une satisfaction en apprenant à un enfant difficile à nous bombarder d'exigences. La satisfaction est fournie par le fait que notre être est obligé de prendre soin de l'objet chaque fois que celui-ci l'exige, c'est-à-dire de répondre à ses exigences. Ne trouvons-nous pas ici l'exemple ultime de l'objet de l'obsessionnel, dans la mesure où l'objet du désir de l'obsessionnel est la demande de l'autre ? Le tamagoshi nous permet de posséder un autre qui satisfait à notre désir dans la mesure où il se résume à une série de simples demandes.

L'autre est de cette façon purement virtuel : il n'est plus un autre intersubjectif vivant, mais un écran inanimé, une doublure de l'inexistant animal domestique, signalant simplement les demandes de l'animal. En d'autres termes, ce que nous trouvons là, c'est une étrange réalisation de la scène décrite par John Searle dans sa célèbre chambre chinoise d'expérimentation mentale destinée à démontrer que les machines ne peuvent penser : nous savons qu'il n'existe pas de « réel » partenaire de communication, personne qui « comprenne » réellement les demandes qui sont émises, juste un circuit digital dépourvu de signification. L'étrange énigme, naturellement, réside dans le fait que nous ressentons entièrement les émotions appropriées, bien que nous soyons tout à fait conscients qu'il n'y a rien au-delà de l'écran, c'est-à-dire que nous jouons avec des signaux sans aucun référent : le jeu se réduit à l'ordre symbolique, à l'échange de signaux, sans aucun référent au-delà de lui... Nous pouvons en conséquence parfaitement imaginer aussi un tamagoshi sexuel : un tamagoshi nous bombardant d'exigences du type « Embrasse-moi ! Lèche-moi ici ! Prends moi ! », auquel nous répondrions en appuyant simplement sur les boutons appropriés, remplissant de cette manière notre devoir de jouir, pendant qu'il nous serait permis, dans la « vraie vie », de rester au calme et de savourer un délicieux apéritif... Peu importe que certains théologiens conservateurs aient déjà, en Europe, proclamé que le tamagoshi était la dernière incarnation de Satan, dans la mesure où, en termes éthiques, « Satan » est aussi le nom donné à l'immersion de soi solipsiste, à l'ignorance absolue de toute compassion aimante pour son prochain. La compassion et l'attention fausses pour un jouet digital ne sont-elles pas infiniment plus perverses qu'une simple et directe ignorance égotiste des autres, puisqu'elles viennent brouiller d'une manière ou d'une autre la différence même entre l'égotisme et la compassion altruiste ? Quoi qu'il en soit, n'en va-t-il pas de même également pour toutes les sortes d'objets inanimés avec lesquels jouent les enfants et les adultes sous la condition du désaveu fétichiste (« Je sais très bien qu'il s'agit juste d'un objet inanimé, mais je me comporte néanmoins comme si je croyais être en présence d'un être vivant »), des poupées pour enfants aux poupées gonflables pour adultes pourvues des trous appropriés pour une pénétration ? Deux modalités distinguent le tamagoshi du jouet inanimé usuel : par contraste avec une poupée, le tamagoshi n'aspire plus à imiter (d'une manière aussi réaliste que possible) les contours de ce qu'il remplace ; il ne « ressemble » pas à un petit bébé, ni à une femme nue, ni à une marionnette – nous assistons à une réduction radicale d'une ressemblance *imaginaire* au niveau *symbolique*, à l'échange de signaux ; c'est-à-dire que le tamagoshi est un objet qui émet simplement des signaux-demandes ; par contraste avec une poupée, qui est passive, un objet docile avec lequel nous pouvons faire ce que nous voulons, le tamagoshi est totalement actif, c'est-à-dire que la règle du jeu numéro un est qu'*il a toujours l'initiative*, que l'objet contrôle le jeu et nous bombarde de revendications.

Et, pour risquer l'hypothèse la plus audacieuse : la conséquence ultime de tout cela pour un matérialiste n'est-elle pas que *Dieu lui-même est l'ultime tamagoshi*, fabriqué par notre inconscient et nous bombardant d'inexorables exigences ? Le tamagoshi n'est-il pas l'Entité virtuelle, inexistante en elle-même, avec laquelle nous échangeons des signaux et dont nous nous conformons aux demandes ? Le caractère non imaginaire du tamagoshi (qui ne s'efforce plus de ressembler à l'animal de compagnie qu'il représente) ne relève-t-il pas particulièrement de la tradition judéenne, et de son interdit quant à la production d'images divines ? Une nouvelle fois, peu importe que pour certains théologiens le tamagoshi soit l'incarnation de Satan : il met en tant que tel à nu le mécanisme du dialogue du croyant avec Dieu, puisqu'il démontre comment est possible un échange de symboles intense et humain avec une entité purement virtuelle, n'existant qu'au titre de simulacre interface. En d'autres termes, le tamagoshi est *une machine qui nous permet de satisfaire notre besoin d'aimer notre prochain* : vous avez besoin de vous adonner au souci de votre voisin, d'un enfant, d'un animal domestique ? Aucun problème : le tamagoshi vous permet de le faire sans ennuyer vos actuels voisins avec votre envahissante compassion – il peut prendre soin de cette nécessité pathologique qui est la vôtre... Le charme de cette solution réside dans le fait que (ce que l'éthique traditionnelle envisageait comme) l'expression la plus haute de votre humanité – le besoin compatissant de prendre soin d'un autre être humain – soit traitée comme une sale pathologie idiosyncrasique qui devrait être satisfaite dans la sphère privée, sans ennuyer vos semblables, vos contemporains.

Cette référence à l'objet interpassif n'explique-t-elle pas également en quel sens, pour le sujet-patient, l'analyste est son *objet petit a*, ou, plus précisément, en quel sens le patient entend réduire l'analyste à une sorte de tamagoshi dont il faut entretenir le bonheur par un blabla séducteur permanent ? Dans les deux cas, nous assistons à la tentative d'oblitérer la dimension du désir de l'Autre : la satisfaction des exigences de l'Autre est pour l'obsessionnel le moyen d'empêcher l'apparition du désir de l'Autre. Dans le cas du tamagoshi, nous avons un Autre mécanique qui, bien qu'il émette sans cesse des demandes, n'a aucun désir propre – raison pour laquelle il constitue un tel parfait partenaire pour l'obsessionnel. Et il en va de même dans les relations de l'obsessionnel avec son analyste : l'objectif de son incessante activité est d'éviter ou plutôt de différer indéfiniment la confrontation avec l'abysse que représente le désir de l'Autre... La première chose à faire ici, bien sûr, consisterait à opposer l'activité de l'analyste à la pratique théâtrale des bien nommées *claques*, ces gens payés par l'artiste ou ses soutiens pour l'applaudir les premiers et organiser de cette façon un accueil triomphal à sa performance – dans le cas d'une *claque*, l'Autre est payé pour mettre en scène le geste de la reconnaissance (de l'effort de l'artiste), et satisfaire de cette manière son narcissisme, alors que le patient, en contraste évident à cela, paie l'analyste pour la raison exactement inverse, c'est-à-dire non pas pour se voir donner une reconnaissance directe de la perception superficielle qu'il a de lui-même, mais pour frustrer sa demande de reconnaissance et de satisfaction narcissique. Dans le traitement analytique, la véritable interpassivité peut s'observer à un niveau plus radical. Ce que nous avons à l'esprit ici, ce n'est pas le fait évident que, dans le but d'éviter la confrontation avec la vérité de son désir, sa symbolisation, le patient *s'*offre comme l'objet passif du désir de l'analyste, essayant de le séduire, d'entamer une relation amoureuse avec lui. L'interpassivité intervient plutôt lorsque, au cours du traitement, le patient est en permanence actif : il raconte des histoires, des souvenirs, se lamente sur son sort, accuse l'analyste, etc., s'efforçant de venir à bout du trauma que constitue « ce qu'attend de moi l'analyste », de venir à bout de l'abysse du désir de l'analyste, alors que ce dernier se contente d'être là, sous la forme de sa présence impassible, inerte. Ce qui importe, ce n'est pas simplement le fait que moi, le patient, je suis chagriné et frustré par le silence énigmatique de l'analyste mais, peut-être bien plus, c'est que je suis actif précisément dans le but de faire rester silencieux (l'analyste), c'est-à-dire de faire en sorte que rien ne se produise, qu'il n'en vienne pas à prononcer le mot (ou à accomplir quelque autre geste) qui viendrait mettre à nu la nullité de mon incessant babillage. Cet exemple montre une nouvelle fois très clairement combien la figure clé de l'interpassivité est celle qui désigne non pas une situation où l'autre me remplace, fait quelque chose à ma place, mais la situation opposée où je suis *en permanence actif* et maintient mon activité par la passivité de l'autre.

Il est facile de démontrer comment cette notion d'interpassivité est liée à la situation globale contemporaine. Le domaine des relations de marché capitalistes constitue l'Autre Scène de ladite repolitisation de la société civile défendue par les avocats des « politiques identitaires » et autres formes postmodernes de politisation : l'ensemble du discours sur les nouvelles formes de politique éclatant de toutes parts, centrées sur des enjeux particuliers (droits des homosexuels, écologie, minorités ethniques...), toute cette incessante activité d'identités fluides, mouvantes, de multiples coalitions *ad hoc* en cours d'élaboration, etc., a quelque chose de profondément inauthentique, et évoque, en définitive, l'obsessionnel névrotique qui soit parle en permanence, soit est frénétiquement actif, précisément dans le but de s'assurer que quelque chose – ce qui *importe réellement* – ne sera pas perturbé, restera inchangé. En résumé, le problème ultime de la postpolitique d'aujourd'hui est qu'elle est fondamentalement interpassive.

Table

Composition et mise en page

NORD COMPO
multimédia

CET OUVRAGE
A ÉTÉ REPRODUIT
ET ACHEVÉ D'IMPRIMER
SUR ROTO-PAGE
PAR L'IMPRIMERIE FLOCH
À MAYENNE EN AVRIL 2007

N° d'éd. L01EHBN000153N001. N° d'impr. 68128.
Dépôt légal : mai 2007.
Imprimé en France